KB095908

인스타그램
퍼스널
브랜딩

인스타그램 퍼스널브랜딩

초판 발행 2023년 5월 25일
초판 4쇄 발행 2024년 10월 25일

지은이 정진호
발행인 강재영
발행처 애플씨드
출판사 등록일 2021년 8월 31일 (제2022-000065호)
주소 경기도 고양시 일산동구 일산로 241
대표전화 031) 901-2679
이메일 appleseedbook@naver.com

기획 이승욱
편집 맹한승
디자인 (표지/내지) 홍원규(너의오월)
CTP출력/인쇄/제본 (주) 성신미디어

ISBN 979-11-978626-5-6 13320

이 책에 실린 내용, 디자인, 이미지, 편집 구성의 저작권은 애플씨드와 지은이에게 있습니다.
따라서 허락 없이 복제하거나 다른 매체에 실을 수 없습니다.

애플씨드에서 여러분의 소중한 원고를 기다립니다.
appleseedbook@naver.com

인스타그램
퍼스널
브랜딩

| 정진호 지음 |

#앤디파파의 인스타 브랜드 마케팅 성공 전략

애플씨드

글을 시작하며

우리는 빠르게 변화하는 세상에서 매일 수많은 콘텐츠를 소비하면서 살아가고 있습니다. 페이스북, 인스타그램, 틱톡, 유튜브와 같은 콘텐츠 플랫폼은 숨 돌릴 틈 없이 수많은 콘텐츠를 쏟아내면서, 우리를 콘텐츠 소비자로 만들기 위해 끊임없이 유혹하고 있습니다. 한마디로 우리는 보이는 모든 것이 콘텐츠가 되어 다양한 플랫폼을 통해 빠르게 전파하는 콘텐츠 홍수 속에 살고 있습니다.

그런데 조금만 더 자세히 들여다보면, 대다수 콘텐츠가 사실은 우리와 같은 개인이 자신의 가치를 높이거나 제품과 서비스를 알리기 위해 만든 것임을 알 수 있습니다. 곧 SNS라는 거대한 바다에서 수많은 퍼스널 브랜드가 자신의 가치를 콘텐츠로 만들어 다른 사람과 부단히 공유하고 있습니다.

저한테 한 살 어린 동생이 있습니다. 가끔 가족 모임을 하는데, 이때 동생의 주된 관심사는 당연히 부동산, 주식, N잡 등과 같은 재테크입니다. 20년 동안 TV와 차를 사지 않고 알뜰살뜰 돈을 모아 부동산 투자를 해서 마침내 서울에 아파트 4채를 마련했다는 모 부장님의 꿈같은 재테크 성공담뿐 아니라, 보유한 주식이 엄청나게 올라 차를 외제 차로 바꾼 모 과장님의 인생 역전 이야기를 하면서 동생은 몹시 부러운 눈치였습니다. 그러다 어느 날 내가 인스타그램으로 퍼스널 브랜딩을 하고 있다는 것을 알고, "형은 인스타그램을 열심히 하는 것 같은데 그게 돈이 돼?"라며 걱정스러운 투로 물어보았습니다. 저는 동생한테 자신 있게 얘기를 해 주었습니다.

"나에게 인스타그램은 회사나 다름없어. 믿기지는 않겠지만, 나는 인스타그램에서 클라이언트도 만나고 훌륭한 사수도 만나서 서로 좋은 인연과 관계를 맺으면서 퍼스널 브랜드로 성장하고 있지. 네 회사의 부장님과 과장님이 월급과 재테크로 돈을 불린 것처럼, 나는 인스타그램에서 나의 브랜드 가치를 높여 경제적 수익도 만들고 나의 가능성도 키워가는 퍼스널 브랜딩에 투자하고 있어."

부동산 투자는 땅의 미래 가치에 투자하는 것이고, 주식 투자는 기업의 미래 가치에 투자하는 것입니다. 마찬가지로 저는 인스타그램이라는 땅에서 퍼스널 브랜딩에 투자하고 있습니다. 그랬더니 크고 작은 노력이 쌓여 어느 순간 저의 가치를 알아보는 브랜드가 찾아오며 새로운 협업의 기회가 생기기 시작했고, 자연스럽게 경제적 수익으로 연결되면서 이전에 알지 못한 저의 가치와 가능성도 점점 커지고 있습니다. 저에게 퍼스널 브랜딩은 이전에 없던 새로운 기회를 만드는 과정일 뿐 아니라, 안정적이고 튼튼한 경제적 수익원이자 저의 가치와 가능성을 발전시키고 확장하는 자아실현의 장입니다.

저는 한때 평범한 직장인이었습니다. 하지만 직장에서 제 가치를 찾고 일의 주인이 되기가 무척 어려웠습니다. 더군다나 마흔 이후에도 계속 직장인으로 남아있기가 쉽지 않아 보였습니다. 그러던 차에 퍼스널 브랜딩을 접하게 되었습니다. 처음에 시작할 때는 두렵기도 하고 어려움도 많았지만, 가족의 응원과 격려, 그리고 주변 지인의 도움을 받아 꾸준히 노력한 결과, 지금은 의미 있는 퍼스널 브랜드로 성장했고 이를 통해서 회사에서 받던 월급 못지않은 경제적 수익도 만들면서 남다른 성취감으로 즐겁게 일하고 있습니다.

언젠가부터 저와 비슷한 고민을 하는 이들을 위해 제가 퍼스널 브랜드로 성장하는 과정에서 겪은 경험과 노하우를 책으로 써서 공유하고 싶다는 생각이 들었습니다. 마침 제가 쓴 전자책 원고를 보고 '애플씨드' 출판사에서 연락이 와서, 전자책 원고 내용을 수정 보완하여 이렇게 책으로 출간하게 되었습니다.

이 책은 저와 비슷한 고민을 하고 있거나 이런저런 이유로 퍼스널 브랜드나 인플루언서로 성장하고 싶은 분을 위한 책입니다. 이 책에 담긴 얘기가 '앤디파파'라는 퍼스널 브랜드의 짧은 경험이지만, 경제적 수익과 함께 자신의 가치와 가능성을 발전시키기 위해 노력하는 모든 분들에게 조금이라도 도움이 될 수가 있다면 좋겠습니다.

오늘도 자신의 가치와 가능성을 키우기 위해 열심히 노력하는 모든 분을 진심으로 응원합니다.

2023년 5월
정진호

Part 5_ 퍼스널 브랜드 마케팅 전략

Part 6_ 퍼스널 브랜딩 수익화 전략 (1) – 공동구매

Part 7_ 퍼스널 브랜딩 수익화 전략 (2) – 전문성 수익화와 외부 채널 확장

Part 1

인스타그램 퍼스널 브랜딩

Chapter 1
브랜딩과 퍼스널 브랜딩

1.1 브랜딩

브랜딩이라는 말의 어원은 노르웨이어인 'brandr'에서 나왔습니다. brandr는 영어로 'to burn', 즉 '각인을 새기거나 찍는다'라는 뜻입니다. 브랜드라는 말은 옛날에 노르웨이인들이 자신들에게 가장 소중한 재산이었던 가축의 소유주를 표기하기 위해 불로 달군 인두로 이 가축이 '내 것이다'라고 확실한 표기를 한 것에서 유래했습니다. 한마디로 브랜딩을 통해서 내 것과 다른 사람의 것을 구분한 것입니다.

하지만 오늘날 브랜딩이라는 말은 단순한 '구분'의 의미를 넘어, 수많은 제품과 서비스 경쟁에서 자신만의 가치와 의미가 고객에게 기억되고 사랑받을 수 있도록 하기 위한 마케팅 활동처럼 자리를 잡게 되었습니다. 그래서 우리는 마케팅하면 곧바로 브랜딩을 떠올립니다.

저는 직업적인 경험과 퍼스널 브랜딩 활동을 통해서 브랜딩의 개념을 제 나름대로 다시 정의했습니다. 즉, 우리가 잘 아는 마케팅 개념과의 비교를 통해서 브랜딩을 재정의한 것입니다. (이 정의는 어디까지나 제 주관적인 정의입니다.)

'마케팅(marketing)이란 market + ing로 비교적 짧은 시간에 마켓에서 제품이나 서비스를 더 많이, 더 잘 팔기 위해 하는 모든 행위입니다. 반면에 브랜딩(branding)은 brand + ing로 비교적 긴 시간 동안 고객이 제품과 서비스의 가치와 차별점을 인식하도록 하는 모든 행위입니다.'

이미 눈치를 챘겠지만, 제가 정의한 개념에 따르면, 마케팅과 브랜딩의 가장 큰 차이는 '시간'과 '인식'이라는 두 단어로 요약됩니다. 즉, 마케팅과 다르게 브랜딩에서는 브랜드의 가치와 의미를 고객이 제대로 '인식'하기까지는 상당한 '시간'이 걸린다는 사실입니다. 즉각적인 반응과 구매를 유도하는 마케팅과는 달리, 브랜딩은 브랜드가 탄생하여 가치가 인식되기까지 많은 시간과 노력이 필요합니다. 물론 운이 좋으면 짧은 시간에 대박이 날 수도 있지만, 이것은 어디까지나 예외적이라고 생각합니다.

사정이 이렇다 보니 우리는 마케팅하면 금방 귀가 솔깃해지는데 브랜딩하면 뭔가 어렵고 시간과 돈을 낭비하는 것처럼 느낍니다. 그래서 누구나 단기적인 마케팅은 쉽게 시작하지만, 시간이 걸리는 브랜딩은 필요하다고 느끼면서도 주저하거나 망설이게 됩니다.

1.2 퍼스널 브랜딩

퍼스널 브랜딩이란 개인을 뜻하는 personal과 branding이 합쳐진 말입니다. 단어의 뜻을 그대로 직역하면 제품이나 서비스가 아니라 개인이 중심이 되는 브랜딩이라는 의미입니다.

퍼스널 브랜딩이라는 용어는 〈Fast Company〉라는 잡지의 1997년 8월호에 'The Brand Called You'라는 제목으로 기사를 쓴 톰 피터스(Tom Peters)가 처음 사용하면서 일반화되기 시작했습니다. 이 기사에서 피터스는 이제는 개인도 회사와 마찬가지로 자신을 브랜드로 생각해야 하며, 경력에서 성공하려면 나이나 지위, 경력, 사업 분야와 관계없이 퍼스널 브랜드를 개발하고 스스로 자신을 마케팅해야 한다고 주장했습니다. 그 후 퍼스널 브랜딩의 개념은 점점 더 대중화하기 시작했습니다.

예전 브랜딩은 주로 기업이 제품과 서비스를 중심으로 하는 마케팅 활동이었습니다. 그러나 SNS가 우리의 생활 속으로 빠르게 깊숙이 들어오면서, 이제는 개인도 적극적으로 자신의 가치와 개성을 콘텐츠로 만들어 공유하기 시작했습니다. 그 결과 백종원과 김미경, 오은영과 같은 엄청난 퍼스널 브랜드(인플루언서)들이 탄생하였습니다. 이들이 대중에게 미치는 마케팅 영향력은 유명 브랜드 제품이나 기업 브랜드의 영향력을 뛰어넘을 정도입니다. 그래서 대중에게 영향을 끼치며 결과적으로 경제적 수익도 창출하는 인플루언서가 되기 위해 많은 사람이 SNS에서 열심히 퍼스널 브랜딩을 하고 있습니다.

최근 들어 퍼스널 브랜딩이 더욱 많은 사람의 관심을 받게 된 것은 무엇보다도 상당한 경제적 수익원이 될 수 있기 때문입니다. 하지만 저는 퍼스널 브랜딩을 통해서 경제적 수익뿐 아니라, 직장에 다닐 때는 쉽지 않았던 또 다른 저의 가치와 가능성을 발견하였습니다. 저는 이 점 또한 경제적 수익 못지않게 중요하다고 생각합니다. 제가 다른 사람에 비해 퍼스널 브랜딩을 통한 자신의 가치와 가능성의 발견을 중요하게 생각하는 것은 어쩌면 퍼스널 브랜딩을 하게 된 저만의 이유 때문일지도 모릅니다.

저는 특별한 이유로 퍼스널 브랜딩을 시작했습니다. '엄청난 속도로 빠르게 변화하는 현대 사회 속에서 주변 환경과 경제적 욕망에 영향을 받으며 끊임없이 흔들리는 제 자신을 지켜주는 새로운 대안'이 될 수 있다는 생각으로 퍼스널 브랜딩을 시작했습니다.

일반화하기는 힘들지만, 저는 직장에 다니면서 제가 하고 싶은 일보다는 저에게 부여된, 어쩌면 어쩔 수 없이 해야 하는 일에 익숙해져 왔습니다. 그런데 정작 제가 이 일을 왜 해야 하는지, 누구를 위한 일인지 그다지 깊게 고민하지 못했습니다. 이유는 안정된 조직 체계에서 일하면서 오롯이 저만을 위한 결정을 내릴 기회와 시간이 주어지지 않았기 때문입니다.

하지만 퍼스널 브랜딩을 시작하면서부터 모든 결정은 100% 제 권한과 책임이 되었습니다. 브랜딩에 대한 결정권을 전적으로 제가 갖게 되면서 진정한 저의 가치와 가능성을 발견할 기회가 생겼고, 브랜딩의 성과 또한 온전히 제 것이 되었습니다.

일단 퍼스널 브랜딩을 시작하면, 누구나 성공과 실패를 경험하면서 매 순간 자신의 감정도 들여다보게 됩니다. 이것이 맞는 선택인지, 왜 이 선택을 해야만 하는지 스스로 끊임없이 질문도 해야 합니다. 그뿐 아니라 뭔가 결정이 잘못되어 기대한 성과가 나오지 않으면, 이것을 회복하는 방법도 스스로 찾아야 합니다. 이처럼 자기 결정권을 갖는다는 건 스스로 생각해야 할 것이 많다는 뜻입니다. 순간순간 문제를 해결하고 성과를 만들기 위한 판단과 결정을 계속하면서, 크고 작은 성공과 실패의 경험도 덩달아 많아지고, 그 결과 자신의 장점과 약점을 잘 알게 되어 자신에 대한 믿음도 강화됩니다. 따라서 점점 더 빠른 속도로 변하는 현대 사회에서 퍼스널 브랜딩을 통해서 외부 환경에 흔들리지 않고 스스로 자신의 가치를 발견해 간다면, 자신만의 차별성과 경쟁력을 만들어가는 것을 절대 어렵게 여기거나 두려워할 필요가 없습니다.

Chapter 2
퍼스널 브랜딩의 3요소

마케팅을 잘하려면 무조건 열심히 하는 것만으로는 부족합니다. 마케팅을 잘 할 수 있는 프로세스와 툴을 효과적으로 잘 활용해야 합니다.

마케팅 프로세스를 구성하는 요소를 흔히 4P Mix라고 합니다. 4P는 제품(Product), 유통(Place), 가격(Price), 판촉(Promotion)의 영어 첫 글자에서 따온 말입니다. 그리고 Mix라는 말은 '섞다, 혼합한다'는 뜻으로, 4P Mix는 위 4가지 요소를 잘 결합해서 마케팅 성과를 높일 수 있는 효과적인 마케팅 전략 툴입니다. 한 마디로 제품을 잘 만들되 어디에서 팔지, 적절한 가격이 얼마인지를 따져본 다음에 광고나 홍보, 할인과 같은 판촉을 잘 짜서 마케팅해야 효과가 있다는 것입니다.

마케팅의 4P Mix처럼 퍼스널 브랜딩에서도 반드시 알아야 할 3가지가 중요한 요소가 있습니다. 브랜드 콘셉트(Concept), 브랜드 아이덴티티(Identity), 브랜드 스토리(Story)가 바로 그것입니다. 저는 이것을 줄여서 CIS라고 이름을 붙였습니다.

그럼 지금부터 CIS의 개념과 의미에 관해 함께 알아보겠습니다.

2.1 브랜드 콘셉트

콘셉트는 라틴어에서 유래한 말로, 직역하면 '모두 공감하는 것을 잡는다'라는 뜻입니다. 여기서 눈여겨봐야 할 말은 '모두 공감하는 것'입니다. 내가 공감하고 좋아할 뿐 아니라, 다른 사람도 함께 좋아하고 공감하는 것, 이것이 콘셉트의 뜻에 담겨 있습니다. 이 부분은 마케팅이나 브랜딩에서 매우 중요한 의미이므로 반드시 기억할 필요가 있습니다.

마케팅에서 콘셉트라는 개념은 단어의 본래 의미와 함께 제품이나 서비스에 가치와 의미를 부여하는 것으로 확장하여 사용합니다. 한마디로 마케팅 과정에서 콘셉트란 나 뿐 아니라 다른 사람들과 함께 공유하고 싶은 제품이나 서비스의 가치와 의미입니다. 그래서 기업에서는 제품과 서비스를 개발할 때 가장 먼저 콘셉트를 정의합니다. 그 이유는 가치와 의미가 없는, 즉, 콘셉트가 없는 제품과 서비스는 다른 브랜드와 차별화하기가 쉽지 않기 때문입니다.

이러한 콘셉트의 의미를 브랜드에 적용하면, 브랜드 콘셉트란 브랜드에 부여된, 나와 다른 사람이 함께 공감하고 좋아할 수 있는 자신만의 고유한 가치와 의미입니다. 그래서 좋은 브랜드가 되려면, 브랜드 콘셉트가 고유하면서도(차별성) 다른 사람의 공감과 즐거움을 담아야 합니다.

[그림 1-1] 차별성 그리고 공감과 즐거움을 담아야 좋은 브랜드로 성장할 수 있습니다.

하지만 사람들은 보통 브랜드하면 브랜드 이름을 가장 먼저 생각합니다. 그래서인지 우리는 브랜드 마케팅을 할 때, 멋진 브랜드 이름을 만들기 위해 무척 노력합니다. 물론 틀린 것은 아니지만, 브랜드 콘셉트가 잘 정의되어야 좋은 브랜드 이름을 지을 수 있고, 이렇게 만들어진 브랜드 이름이라야 사람들에게 잘 인식되고 기억됩니다. 아무리 그럴싸한 브랜드라도 콘셉트가 약하거나 부족하면, 사람들에게 잘 인식되지도 않고 오래 기억되지도 못한 채, 잠시 유행하다 곧바로 사라지고 맙니다. 많은 기업이 자신만의 브랜드 콘셉트를 정의하고 통일적으로 브랜드 마케팅을 하려고 하는 이유가 바로 여기에 있습니다.

따라서 퍼스널 브랜딩을 하려면, 먼저 자신의 브랜드 콘셉트를 깊게 고민해야 합니다. 콘셉트가 없는 콘텐츠는 아무리 많이 쌓아도 브랜드의 가치를 높이기가 쉽지 않습니다.

브랜드 콘셉트는 추상적이라 눈에 잘 보이지 않습니다. 그래서 브랜드 콘셉트는 브랜드 아이덴티티나 브랜드 스토리를 통해서 구체적으로 자기 모습을 드러냅니다.

2.2 브랜드 아이덴티티

브랜드 아이덴티티란 브랜드를 고객에게 드러내는 시각적이고 유형적인 것을 말합니다. 여기에는 브랜드의 고유한 이미지와 개성을 만드는데 도움이 되는 브랜드 이름, 로고, 색채, 타이포그래피, 포장과 같은 시각적, 언어적 요소가 포함됩니다. 이러한 브랜드 아이덴티티는 당연히 브랜드 콘셉트를 토대로 만듭니다. 참고로 인스타그램에서 브랜드 아이덴티티를 드러낼 수 있는 곳은 '프로필'입니다.

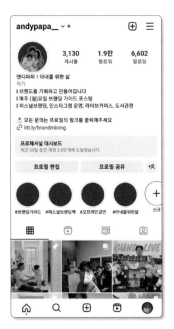

[그림 1-2] 아이덴티티를 보여주는 프로필 화면

2.3 브랜드 스토리

일반적으로 브랜드 스토리란 브랜드의 역사와 브랜드의 가치 및 고유한 정체성을 고객에게 전달하기 위해 사용하는 내러티브(narrative), 즉 이야기를 뜻합니다. 기업에서는 기업의 역사, 제품과 서비스의 개발 히스토리, 고객 체험 등을 브랜드 스토리로 기획하여 별도의 채널로 광고하거나 홍보하지만 인스타그램 퍼스널 브랜딩에서는 브랜드 스토리를 개발하기 위해 굳이 별도의 노력을 할 필요가 없습니다. 퍼스널 브랜드의 콘셉트에 맞추어 매일 매일 인스타그램에 게시하는 콘텐츠가 바로 가장 강력한 브랜드 스토리입니다. 어찌 보면 브랜드 스토리야말로 일상적인 인스타그램 퍼스널 브랜딩 활동의 전부라고 해도 과언이 아닙니다. 그렇다고 아무 콘텐츠나 올려서는 안 됩니다. 앞에서 얘기한 대로 브랜드 콘셉트에 부합하는 콘텐츠를 꾸준히 올리고 쌓아가는 것이 중요합니다.

2.4 퍼스널 브랜딩 3요소의 중요성

인스타그램에서 퍼스널 브랜드로 무럭무럭 성장하기 위해서는 퍼스널 브랜딩의 3요소가 매우 중요합니다. 그 이유를 저의 실패 경험을 통해서 알아보겠습니다.

'앤디파파' 이전에 제 프로필 이름은 '11월의 앤디'였습니다. 앤디(Andy)

는 제 이름이고, 11월은 제가 태어난 달이어서 저만의 정체성을 가장 잘 담을 수 있는 네이밍이라고 생각하고 만든 이름입니다. 이렇게 제 나름의 의미가 듬뿍 담긴(?) 이름을 만들고 나니, 뭐라도 할 수 있을 것 같은 기분이 들면서 이전부터 막연하게 해보고 싶었던 콘텐츠를 게시하기 시작했습니다. 이름도 정했으니 뭐든지 엄청나게 잘할 수 있을 것 같은 근자감이 넘쳐났습니다.

매일 아침 제 다짐을 영상으로 공유하는 '안녕하세요. 11월의 앤디입니다'라는 동기부여 콘텐츠를 만들기 시작했습니다. 아침마다 꾸준히 동기부여 메시지를 담은 영상을 공유하면, 금방 팔로워가 늘어날 것으로 기대하여 부푼 마음으로 1일 1 콘텐츠 게시를 실천했습니다.

"안녕하세요. 11월의 앤디입니다. 오늘 아침에 동생한테 어제가 아버지가 직장생활을 한 지 30년이 된 날이라는 전화를 받았습니다. 이 말을 듣는 순간, 제 안에서 여러 감정이 복잡하게 일었습니다. 긴 시간 우리 형제와 가족을 위해 하루도 제대로 쉬지 못한 아버지를 생각하며, 아버지께 감사함을 깨닫게 된 순간이었습니다. 여러분! 오늘이 부모님 생일이 아니더라도, 부모님께 감사의 문자를 남겨보는 게 어떨까요?"

"안녕하세요. 11월의 앤디입니다. 주말마다 부모님이 제 딸 하늘을 만나러 우리 집으로 옵니다. 그런데 이번 주말에 가장 행복해하시는 것 같아 기뻤습니다. 우리를 키울 때 아버지는 주말에도 쉬지 못하고 일을 나갔다고 합니다. 이제 은퇴를 앞둔 아버지 눈에는 우리 형제를 키울 때의 기억이 오버랩되나 봅니다. 당신이 우리를 키울 때

*다하지 못한 사랑을 손녀딸한테 줄 수 있어 더 기쁘고 행복하게 느끼
시는 것 같습니다. 아버지의 기쁨이 계속될 수 있게 제가 더 큰 노력
을 하려고 합니다. "*

첫 몇 개월 동안 꾸준히 매일 아침 출근길 밝은 모습으로 따뜻한 메시
지를 전하는 영상을 만들어 공유했습니다. 하지만 이 시도는 오래가지
못했습니다. 이유는 콘텐츠를 더는 만들 수 없었기 때문입니다. 매일
똑같은 형식의 영상 콘텐츠를 만들어 올린다는 건 생각보다 쉽지 않았
습니다. 아무리 머리를 쥐어짜도 더는 새로운 메시지를 전할 수 없었습
니다. 급한 마음에 그저 그런 비슷한 내용의 콘텐츠를 자꾸 올리게 되
고 사람들의 반응도 차츰 시들어 갔습니다.

뭐가 문제였을까요? 우리가 어떤 문제점을 찾아내려면 기준과 관점이
있어야 합니다. 저는 바로 앞에서 말한 퍼스널 브랜딩의 3요소인 CIS
관점으로 '11월의 앤디'의 실패를 평가해 보았습니다.

무엇보다도 브랜드 콘셉트에 대한 고민이 부족했습니다. '11월의 앤디'
라는 콘셉트를 정할 때, 단순하게 앤디라는 내 이름과 태어난 달인 11
월을 합쳤을 뿐, 이 브랜드를 통해서 내가 사람들과 공유하고 싶은 브
랜드의 의미와 가치가 무엇인지를 전혀 고민하지 않았던 것입니다.

브랜드 아이덴티티와 스토리도 문제였습니다. 브랜드 콘셉트에 대한
고민이 부족했기 때문에, 프로필과 브랜드 이름을 브랜드 콘셉트와 유
기적으로 연결되게 할 수 없었습니다. 콘텐츠나 메시지, 곧 브랜드 스
토리도 마찬가지였습니다. '11월의 앤디'라는 그냥 별 의미 없는 브랜드

명으로 무작정 열정적으로 그럴싸한 콘텐츠를 만들어 올렸지만, 아무리 콘텐츠가 쌓여도 팔로워는 늘지 않았고, 급기야 콘텐츠 소스도 고갈되고 말았습니다. 다행히 '11월의 앤디'에 대한 냉철한 평가를 통해서 '아내를 위한 삶을 살아가는 앤디파파'로 거듭날 수 있었습니다.

여러분도 퍼스널 브랜딩을 무작정 하지 말고, 먼저 자신의 퍼스널 브랜딩의 3요소에 대해 충분히 고민해 보기 바랍니다.

Chapter 3
인스타그램이 퍼스널 브랜딩에
유리한 이유

3.1 관심사가 비슷한 사람이 가장 많이 모여있는 SNS

퍼스널 브랜딩을 하지 않더라도 인스타그램은 모든 브랜드에 마케팅을 위한 필수 채널이 되었습니다. 그 이유는 인스타그램에는 많은 사람이 모여있을 뿐 아니라, 관심사가 비슷한 사람이 가장 많이 모여있기 때문입니다. 인스타그램에는 뷰티, 패션, 요리(맛집), 운동, 여행, 캠핑, 인테리어, 디자인, 육아와 같은 공통의 관심 분야를 가진 카테고리가 매우 활성화되어 있습니다. '앤디파파'가 인스타그램의 육아 & 가족 카테고리에서 빠르게 자리를 잡은 것도 육아에 관심이 있는 많은 사용자가 인스타그램에서 활동하고 있기 때문입니다.

인스타그램에서 관심사가 같은 사람을 찾는 것은 어렵지 않습니다. 해시태그로 관심 분야를 검색하면 됩니다. 해시태그로 '#패션'을 검색하면, 2,800만 개가 넘는 콘텐츠가 업로드되어 있고, 시즌성 해시태그인

'#여름패션'은 25만 개의 콘텐츠가 있습니다. ('#겨울패션' 26만 개, '#봄패션' 18만 개, '#가을패션'에는 33만 개 정도의 콘텐츠가 올라가 있습니다) 여름패션의 세부 키워드인 '#여름패션추천'을 검색하면, 1,600개 정도의 콘텐츠가 있습니다. 이렇게 관심 분야의 범위를 좁혀가면서 취향이 비슷한 사람을 찾고 서로 소식을 주고받으면서 소통을 할 수 있는 것이 인스타그램의 큰 장점입니다.

3.2 아무나 쉽게 사용할 수 있는 이미지 중심의 플랫폼

인스타그램은 한 장의 사진이나 이미지만 있어도 콘텐츠를 쉽게 게시할 수 있다는 장점이 있습니다. 이미지보다는 텍스트 중심의 페이스북이나 일정 분량 이상의 글을 써야 하는 블로그, 비교적 긴 영상을 기획하고 촬영한 다음 편집해야 하는 유튜브에 비해 인스타그램은 콘텐츠를 만들기가 훨씬 쉽습니다. 콘텐츠의 특성에 따라 이미지와 글뿐 아니라, 영상으로도 아무나 콘텐츠를 쉽게 만들어 게시할 수 있습니다.

3.3 쉽고 편리하게 만들어 올릴 수 있는 숏 폼 영상 콘텐츠 '릴스'

최근에는 SNS에서 짧고 임팩트가 있는 영상 콘텐츠가 모든 플랫폼의 대세로 자리 잡으면서, 인스타그램도 15초~30초 길이의 숏 폼 영상 콘텐츠를 만들어 게시할 수 있도록 시스템을 업그레이드했습니다. 그래서 이제는 인스타그램에서도 이미지뿐 아니라 영상 콘텐츠를 숏 폼으로 제작하여 다양하게 브랜드 이미지를 공유할 수 있습니다.

퍼스널 브랜드의 핵심 콘텐츠 형식을 영상으로 할 것이 아니라면, 숏 폼 영상 콘텐츠를 유튜브나 틱톡에 올리기보다는 인스타그램에 게시하는 것이 상대적으로 유리합니다. 유튜브는 지식과 정보 중심의 영상 콘텐츠 플랫폼이라, 정보성이 없거나 특별하지 않은 숏 폼 콘텐츠는 사용자들의 검색 순위에서 밀릴 수밖에 없습니다. 틱톡은 숏 폼 영상 콘텐츠 전문 플랫폼이지만, 아직 국내에서는 사용자들이 인스타그램에 미치지 못합니다. 저는 퍼스널 브랜딩의 주된 플랫폼을 인스타그램으로 하면서 유튜브나 틱톡, 페이스북을 보조 플랫폼으로 활용할 것을 권합니다. 이렇게 되면 퍼스널 브랜드의 콘셉트도 통일성을 유지할 수 있고, 인스타그램에 게시한 숏 폼 콘텐츠를 보조 플랫폼에 함께 게시할 수 있어, 시간과 노력을 많이 줄일 수 있습니다.

참고로 인스타그램 릴스는 사용자가 짧은 영상을 만들어 공유할 수 있는 기능으로, 틱톡과 같은 영상 플랫폼에서 짧은 영상 콘텐츠의 인기가 높아지자 이에 대응하여 만든 것입니다. 인스타그램에서 릴스 카메라 모드를 선택하여 음악, 특수 효과, 텍스트 오버레이와 같은 다양한 창작 도구로 영상을 녹화하고 편집하여 원하는 릴스를 누구나 만들 수 있습니다. 이렇게 제작한 릴스는 인스타그램 피드와 탐색 페이지의 릴스 섹션에서 바로 공유할 수 있으며, 공유 기능을 이용하여 특정 친구나 팔로워와도 공유할 수도 있습니다.

3.4 블로그처럼 쓸 수 있는 '가이드'

'가이드'는 특정한 주제에 관해 자신이 게시한 콘텐츠나 외부의 제품, 장소를 끌어와 텍스트와 함께 매거진 형태로 편집하여 공유하는 기능입니다. 한마디로 인스타그램의 블로그 기능이라고 말할 수 있습니다.

가이드는 콘텐츠 발행 목적에 따라 '장소', '제품', '게시물'의 세 가지 기능을 선택하여 사용할 수 있습니다. 각 기능의 특징을 간략히 소개하면 다음과 같습니다.

● **장소** : 특정 장소나 여행지를 주제별로 묶어서 공유할 수 있습니다.

● **제품** : 판매하는 제품을 끌어와서 상세한 제품 설명을 할 수도 있고 '제품리뷰나 구매 가능한 링크'를 포스팅할 수도 있어서 샵 운영자에게 아주 유용합니다.

● **게시물** : 전문적인 특정 주제를 모아 매거진이나 Q&A, 사용자 매뉴얼, 강의용 자료 등을 만들어 공유할 수 있습니다.

피드나 스토리와 다르게 가이드는 콘텐츠를 게시해도 알림이나 노출이 되지 않는 한계가 있지만, 완성된 가이드는 스토리로 공유한 다음 하이라이트로 다시 한번 노출할 수 있습니다. 그리고 전문적인 고품질 정보를 가이드에 공유함으로써 자신의 브랜드에 대한 신뢰도와 로열티를 한 단계 높일 수 있습니다. 이런 이유로 저도 가이드를 사용해 퍼스널 브랜딩과 관련된 전문적인 내용을 공유하고 있습니다.

Chapter 4
인스타그램 퍼스널 브랜딩 성공의
5가지 원칙

'11월의 앤디'의 시행착오를 겪으면서 어떻게 하면 가장 나다운 브랜드가 될 수 있을지 고민했습니다. 그 결과 제 나름대로 퍼스널 브랜딩에서 중요한 5가지 원칙을 다음과 같이 정리할 수 있었습니다.

4.1 나만의 가치를 동사로 정의하기

'행복을 전하는 장난감 가게 아저씨_백곰삼촌'은 인스타그램에서 장난감을 중심으로 활동하는 퍼스널 브랜드입니다. 브랜드 슬로건을 보면 알겠지만, '백곰삼촌'은 행복을 전하기 위한 콘텐츠를 만들어 1만 명이 넘는 팔로워와 소통하고 있습니다. 만약 '장난감 가게 아저씨'라는 명사로 브랜드 콘셉트를 정의했다면, 단순히 장난감 가게에서 일어나는 일만 공유하고 그 이상의 가치를 전달하지는 못했을 것입니다.

하지만 '백곰삼촌'은 '행복을 전하는 장난감 가게 아저씨'라는 브랜드 콘셉트에 따라 어떻게 하면 장난감을 통해 행복을 전할지를 가장 먼저 고민했기에, 단순히 장난감 정보만을 반복해서 전하는 천편일률적인 콘텐츠 한계에서 벗어날 수 있었습니다. '백곰삼촌'은 행복을 전하고 나누기 위해 장난감을 나누는 이벤트뿐 아니라, 꾸준히 기부와 후원 활동을 합니다. 나아가 공동구매와 라이브 커머스를 진행하면서도 물건만을 파는 것이 아니라, 팔로워에게 더 많은 혜택을 줄 수 있는 콘텐츠를 부단히 공유합니다.

저의 브랜드 이름인 '앤디파파'의 브랜드 콘셉트는 '아내를 행복하게 하기 위한 모든 것'입니다. 아내와 나누는 대화뿐 아니라, 집안일, 아이들을 등원시키고, 분유를 먹이고, 씻기는 일 등 아내와 함께하는 모든 것이 콘텐츠가 되면서, '11월의 앤디'의 주된 실패 요인이었던 콘텐츠 확장의 한계에서 벗어날 수 있었습니다.

4.2 통일성 있는 콘텐츠 게시하기

이렇게 '아내를 위한 삶'을 브랜드 콘셉트로 정하고 실제 현실에서 이런 삶을 열심히 살다 보니, 퍼스널 브랜딩에서 가장 중요한 일관된 메시지를 지속해서 공유할 수 있었습니다. 콘텐츠를 만들고 공유할 때 나만의 기준이 생긴 것입니다. 이전에는 오로지 전달하고자 하는 메시지만 생각했다면, 이제는 제가 올리는 콘텐츠가 '아내를 위한 삶'이라는 브랜드 콘셉트와 일치하는지, 무겁고 차가운 내용이 아니라 긍정적이고 밝은 에너지를 담고 있는지 항상 먼저 스스로 질문을 합니다. 이렇게 되자 매일 다른 콘텐츠를 올리지만, 메시지가 브랜드 콘셉트와 조화를 이루면서 '앤디파파'라는 브랜드를 더욱 단단하게 만들 수 있었습니다.

4.3 데이터 보는 것을 습관화하기

'측정할 수 없는 것은 관리할 수 없고, 관리할 수 없으면 개선할 수 없다'라는 피터 드러커의 말은 제가 스타트업에서 일을 배울 때 처음 들었던 이야기입니다. 저는 이 말의 진정한 의미를 '11월의 앤디'의 실패 경험 속에서 비로소 깨달았습니다.

인스타그램은 사용자에게 다양한 데이터를 제공합니다. 이 데이터를 통해 어떤 콘텐츠가 사람들에게 공감과 사랑을 많이 받는지 확인할 수 있습니다. 그런데도 저는 이런 데이터를 한 번도 확인하지 않았던 것입니다.

'앤디파파'라는 두 번째 브랜드 프로젝트를 하면서부터는 댓글이 많이 달린 콘텐츠, 도달이 많이 된 콘텐츠, 해시태그 노출이 유난히 높은 콘텐츠를 꼼꼼히 기록하기 시작했습니다. 그리고 주말마다 지난 한 주간의 데이터를 보면서 다음 콘텐츠를 기획했습니다. 지금도 저는 아침에 눈을 뜨자마자 가장 먼저 전날 팔로워의 증감 숫자를 데이터 마이닝 노트에 기록하면서, 제가 공유한 콘텐츠의 반응을 확인하고 있습니다. 이렇게 데이터가 쌓이자 저만의 경험과 노하우가 생겨나면서 새로운 콘텐츠를 기획할 때 많은 도움이 되었습니다.

4.4 판매 콘텐츠와 가치 콘텐츠를 적정 비율로 유지하기

상품을 판매할 때는 자신의 브랜드 콘셉트와 일치하는 카테고리의 상품 판매에 집중할 필요가 있습니다. 만약 '아내를 위한 삶'이라는 콘셉트로 가족과 육아 카테고리에서 활동하고 있는 제가 어느 날 갑자기 뷰티 상품을 판매하면 이상하지 않을까요? 아마 많은 팔로워가 '이 사람이 이제 돈을 벌려고 작정했구나'라고 의심하기 시작할 것입니다. 이 것은 퍼스널 브랜딩에 위험한 신호입니다. 퍼스널 브랜드가 가치보다 경제적 수익을 더 우선하는 순간 퍼스널 브랜드가 아닌 판매나 마케팅 인플루언서로 인식될 수 있습니다. 이것은 단기적으로는 득이 될 수 있 지만, 지속해서 탄탄한 수익을 만들어 가야 할 퍼스널 브랜드의 수명 을 단축할 수 있습니다.

그렇지만 '앤디파파' 역시 브랜드의 가치와 판매 수익이라는 두 마리의 토끼를 잡는 현명한 방법을 찾아야만 했습니다. 제가 찾은 답은 '콘텐 츠 비율'이었습니다. 먼저 확실한 브랜드 콘셉트를 세우고, 공동구매 와 같은 수익 활동을 위한 콘텐츠보다는 가치를 공유하는 콘텐츠 비 중을 높게 유지하였습니다. 수익 활동을 하면서도 나눔 이벤트를 기획 하고 실천하면서 많은 사람과 하나라도 더 나누기 위해 노력했고 지금 은 정기적으로 후원하는 곳도 생겼습니다.

이렇게 수익이 아닌 가치를 우선했음에도 어느 순간에 제품 브랜드들 이 '앤디파파'를 찾아오기 시작했고, 이전에는 미처 생각하지 못한 다 양한 협업의 기회가 생기면서 퍼스널 브랜드로 계속 성장할 수 있는 버

팀목이 되고 있습니다. 이것이 브랜드 가치를 해치지 않으면서 수익화를 이어가는 저만의 방법입니다.

4.5 가장 강력한 알고리즘은 '소통'임을 명심하기

인스타그램과 같은 플랫폼은 사람들이 자신이 만든 서비스에 오래 머물면서 시간과 돈을 되도록 많이 쓰기를 기대합니다. 알고리즘(Algorithm)은 바로 이런 목적을 위해 만들어졌습니다. 한마디로 인스타그램은 철저하게 기업의 관점에서 설계된 것입니다. 마치 코카콜라의 제조 비법처럼 인스타그램 알고리즘을 파악하기 힘든 이유도 이 알고리즘이 인스타그램의 핵심 영업 비밀이기 때문입니다.

그런데 인스타그램에서 유일하게 사용자의 힘으로 컨트롤할 수 있는 알고리즘이 있습니다. 이것은 사람의 마음을 움직이고 사용자와 사용자를 이어주는 역할도 합니다. 바로 '댓글 소통'입니다. 저는 지금도 매일 열 명의 인친에게 댓글을 남기며 소통하려고 노력합니다. 댓글 소통으로 저를 몰랐던 분에게 '앤디파파'라는 브랜드를 알릴 수 있고, 진심을 담은 문장으로 '앤디파파'라는 브랜드를 인식하게 할 수 있기 때문입니다.

퍼스널 브랜드로 성장하고 싶거나 인스타그램 계정을 성장시키고 싶다면, 매시간 변하는 알고리즘을 찾고 분석하는 데에 시간과 공력을 들이기보다는 진심 어린 소통을 하기를 권합니다. 진심 어린 소통이야말로 인스타그램에서 퍼스널 브랜드가 성장하는 열쇠입니다.

적극적으로 소통하는 2가지 방법

첫째, 오전 오후 아무 때나 인스타그램에 들어가 맨 먼저 내 홈 피드에 뜨는 20명에게 댓글 소통을 합니다. 여기서 중요한 점은 댓글을 복사하여 붙여 넣기를 하면 절대 안 됩니다. 사진과 내용을 잘 보고 한명 한명 진심으로 소통해야 합니다. 하루 20명과 소통하는데 15분이면 충분합니다. 이렇게 매일 댓글 소통이 쌓이면, 자연스럽게 내 계정이 활성화되는 것을 경험할 것입니다.

둘째, '커뮤니티 해시태그'로 나와 관심사가 같은 사람들을 직접 찾아서 댓글을 남기는 것도 좋은 방법입니다. 그렇게 하면 그 사람이 내 피드를 방문할 확률이 높아집니다. 같은 카테고리로 공통된 관심사를 가진 사람이라고 생각할 가능성이 크기 때문입니다. ('커뮤니티 해시태그'에 관해서는 'Part 5'에서 자세하게 설명합니다) 이렇게 얘기하면, '왜?' 내가 먼저 다가가야 하지?'라는 의문이 들 수도 있습니다. 하지만 브랜딩 중인 내 계정은 성장 단계로 다른 사람들에게 충분히 매력적이지 않아서 내가 먼저 다가가지 않으면, 다른 사람이 나에게 다가올 가능성이 매우 낮다는 사실을 알아야 합니다. 퍼스널 브랜드 성장 초반에는 시간이 들더라도 반드시 먼저 다가가 '좋아요'와 '댓글'로 열심히 소통해야 합니다.

세계적인 기업의 브랜드 슬로건

세계적으로 유명한 기업들의 브랜드 로고와 슬로건입니다. 이 기업들의 브랜드 슬로건을 보면서 평상시에 이 기업들에 대해 느끼고 공감했던 것과 일치하는지 생각해 보기 바랍니다.

[애플]
Think Different!
다른 생각!

[인스타그램]
Capturing and sharing the world's moments!
세상의 순간을 포착하고 공유합니다!

[페이스북]
Bring the world closer together!
세상을 더 가깝게!

[틱톡]
Make your way!
당신의 길을 만드세요!

[테슬라]
Changing Perception!
인식의 전환!

Part 2

프로필 설정
- 퍼스널 브랜드 아이덴티티

인스타그램에서 프로필은 퍼스널 브랜드의 첫인상과도 같아서 프로필을 보면 첫눈에 이 브랜드가 어떤 브랜드인지 잘 알아볼 수 있어야 합니다. 특히 15cm 정도밖에 되지 않는 스마트폰 화면에 여러 요소가 함께 보이기 때문에, 각 요소의 이미지와 텍스트 정보가 브랜드 아이덴티티를 입체적으로 잘 표현하도록 설계해야 합니다.

Chapter 1
용어와 프로필 명칭 간단 정리

1.1 용어

퍼스널 브랜딩 관점에서 인스타그램 [프로필]에 아이덴티티를 전략적으로 설정하는 방법을 알아보기 전에 가장 기본적인 용어와 [프로필] 명칭을 간략하게 설명합니다.

- **프로필** : 사용자 정보를 보여주는 공간

- **피드** : 업로드한 게시물을 보여주는 공간

- **스토리** : 피드와 달리 24시간이 지나면 게시물이 사라지는 공간

- **게시물** : 사용자가 인스타그램에 올리는 모든 콘텐츠

- **릴스** : 인스타그램에서 숏 폼 영상 게시물(콘텐츠)을 공유하는 기능

1.2 프로필 명칭

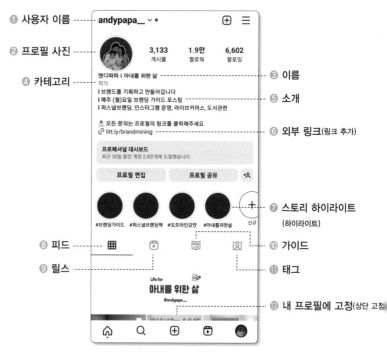

❶ 사용자 이름

❷ 프로필 사진

❹ 카테고리

❸ 이름

❺ 소개

❻ 외부 링크(링크 추가)

❼ 스토리 하이라이트
(하이라이트)

❽ 피드

❾ 릴스

❿ 가이드

⓫ 태그

⓬ 내 프로필에 고정(상단 고정)

[그림 2-1] 인스타그램 프로필 화면

※ (　　　)는 [프로필 편집] 메뉴입니다.

※ [⓬ 내 프로필에 고정(상단 고정)]은 현재 이미지에서는 보이지 않지만, 실제 화면에서 화면을 위로 스크롤하면 바로 나타납니다. ([상단 고정]으로 [내 프로필에 고정]한 이미지는 오른쪽 위에 고정판이 표시됩니다.)

매력적인 이름 짓고 등록하기

2.1 검색 로직에 맞게 이름 등록하기

※ 인스타그램에는 이름이 [사용자 이름]과 [이름] 두 가지가 있습니다. [사용자
이름]은 자신의 ID로 영어, 숫자, 언더바, 마침표만 쓸 수 있고 [프로필] 화면
맨 위쪽에 표시됩니다. [이름]은 닉네임으로 한글, 영어, 기호를 모두 쓸 수 있
으며, [프로필 사진] 바로 밑에 표시됩니다.

이름을 등록할 때는 무엇보다도 인스타그램의 검색 로직을 고려해야
합니다. 인스타그램에서 검색 로직은 이름에 들어 있는 글자를 기준으
로 검색합니다. 그래서 어떤 주제를 검색할 때, 사람들이 자주 사용하
는 검색어가 이름에 들어 있지 않으면, 검색이 되지 않거나 검색 순위
에서 밀려납니다. 제주도 여행을 가려고 하는 사람이 '제주'로 검색했
는데 만일 이름에 '제주'가 없으면, 아예 검색되지 않거나 검색 순위에
서 밀리게 된다는 뜻입니다. 기껏 애써서 좋은 브랜드 이름을 지어 등
록했는데, 막상 검색되지 않는다면 심각한 문제겠죠? 따라서 이름을

등록할 때, 두 가지를 반드시 고려해야 합니다.

1. 한국인은 대부분 한글 검색어를 사용합니다. '건강', '행복'을 'health'나 'happiness'로 검색하지는 않습니다. 따라서 [이름]은 되도록 한글로 등록하는 것이 좋습니다.

2. 자신의 활동 분야나 카테고리에서 가장 많이 사용하는 검색어를 [이름]과 함께 등록하는 것이 좋습니다.

예를 들어, 강원도에 펜션을 운영하는 분이 자신의 브랜드 이름을 '편안한 휴식'으로 지었다면, [이름]을 등록할 때는 '펜션' 또는 '세상에서 가장 편안한 펜션'이라는 말을 [이름] 뒤에 함께 등록합니다.

- **검색 로직에 맞지 않는 [이름]** : 편안한 휴식 (주요 검색어인 '펜션'이 빠져 있습니다.)
- **검색 로직에 맞는 [이름]** : 편안한 휴식 ┃ 세상에서 가장 편안한 펜션 (주요 검색어인 '펜션'이 들어 있습니다.)

  ※ [이름] 뒤에 있는 'ㅣ'는 단순한 구분 기호로 아무 기호나 사용해도 됩니다.

전문 직종이나 네일샵, 플라워샵, 헤어샵, 공방 등과 같은 오프라인 서비스 샵을 운영하는 분은, 검색 경쟁이 매우 치열하기 때문에, 사용자들이 자신의 비즈니스를 검색할 때 어떤 검색어를 사용하는지 잘 파악해서 [이름]에 검색어를 반드시 함께 등록할 필요가 있습니다.

장난감과 관련된 콘텐츠를 공유하는 퍼스널 브랜드인 '백곰삼촌'은 브랜드 이름에 사용자들이 자주 검색하는 '장난감'이라는 검색어가 없어서 엄마나 아빠, 아이들이 인스타그램에서 '장난감'으로 검색하면 브랜드가 전혀 검색되지 않았습니다. 그래서 '백곰삼촌'은 [이름]을 등록할 때, 자신의 멋진 브랜드 슬로건을 함께 등록했습니다.

'백곰삼촌 | 행복을 전하는 장난감 가게 아저씨'

[이름]에서 뭔가 브랜드가 지향하는 가치가 느껴지지 않나요? 그냥 '백곰삼촌'보다 멋지지 않나요? 여러분도 '백곰삼촌'처럼 검색어가 들어간 멋진 브랜드 슬로건을 만들어 [이름]과 함께 등록해 보세요.

2.2 가치가 담긴 좋은 이름 짓기

매력적인 이름은 그 브랜드만의 가치를 담고 있습니다. 그러면서도 '기억하기 쉽고(검색), 독특하며(차별성), 무엇을 하는지(전문성) 곧바로 알아볼 수 있습니다. 문제는 막상 이러한 조건에 딱 들어맞는 이름을 만들기가 생각처럼 그리 쉬운일이 아니라는 점입니다. 그렇다고 생각나는 대로 아무 이름을 쓸 수도 없습니다. 일단 한번 등록한 이름을 나중에 다른 이름으로 바꾸게 되면, 그동안 애써 쌓아놓은 브랜드 자산인 콘텐츠와 팔로워를 모두 포기해야 할 수도 있기 때문입니다. 따라서 시간이 걸리더라도 이름은 조금 신중하게 고민할 필요가 있습니다.

좋은 이름을 지으려면, 퍼스널 브랜딩을 통해서 사람들과 공유하고 싶은 자신만의 가치를 먼저 정리해보는 것이 좋습니다. 그래야 이름에 대한 아이디어도 풍부해지고, 여러 후보 중에서 이름을 선택하려고 할

때 판단의 기준도 생깁니다. 이름을 고민하기에 앞서 자신만의 가치를
한 문장이나 슬로건으로 꼭 정리해보기를 바랍니다.

- **아내를 위한 삶 : '앤디파파'**
- **행복을 전하는 장난감 가게 아저씨 : '백곰삼촌'**
- **미술 전공 엄마가 만드는 감성 미술 키트 : '놀자르트'**

2.3 좋은 이름 아이디어 구하기

자신만의 가치를 슬로건으로 정리했다면, 이제는 이름을 지어야 합니
다. 좋은 이름은 많은 고민과 많은 아이디어에서 나옵니다. 많이 고민
하고, 많은 아이디어를 낼수록 좋은 이름이 나옵니다. 혹시 브랜드 이
름에 대한 아이디어를 어디서 구할지 막막하다면 아래 방법을 참고하
기를 바랍니다.

◎ 현재의 직업에서 아이디어 착안하기

현재 하는 일을 퍼스널 브랜딩으로 연결하려고 한다면, 일의 특징과
차이점을 활용하여 재미있는 이름을 지을 수 있습니다. 이 방법은 주
로 메이크업 아티스트, 플라워샵, 네일샵, 헤어샵, 의사와 간호사, 피트
니스 트레이너, 자동차 딜러와 같은 전문직을 가진 분이 활용하면 좋
습니다.

◎ 사전에서 아이디어 구하기

퍼스널 브랜딩을 하려고 하는 카테고리와 연관된 단어를 한글 사전, 영어 사전, 일본어 사전, 불어 사전, 독일어 사전 등에서 열심히 찾다 보면, 새로운 아이디어를 발견할 수 있습니다. 이 방법은 자신이 활동할 카테고리를 정하기 전에, 어떤 단어로 나를 표현할지 탐색할 때 사용하면 많은 도움이 됩니다. 자기가 생각한 단어 외에도, 사전에 수록된 유사 단어와 그 단어의 의미를 확인하며 새로운 아이디어를 얻을 수 있기 때문입니다.

◎ 책에서 아이디어 구하기

책에는 매우 완성도가 높고 엄선된 단어나 문장이 많습니다. 책 제목이나 목차는 책을 만들면서 저자와 편집자가 많이 고민해서 만듭니다. 본문에도 보석 같은 단어나 문장이 많습니다. 따라서 자신이 좋아하는 분야나 퍼스널 브랜딩 활동을 하려고 하는 분야의 책에서 이름에 대한 많은 아이디어를 얻을 수 있습니다.

◎ 성격이 전혀 다른 단어에서 아이디어 구하기

전혀 다른 카테고리의 단어나 용어를 창의적으로 섞어서 전혀 새로운 이름을 지을 수 있습니다. 이때 아무리 새롭더라도 지나치게 이질적인 것은 피하는 것이 좋습니다. 지나치게 이질적이거나 낯선 이름은 사람들이 기억하는 데 시간이 오래 걸립니다.

2.4 전문성 이름과 정체성 이름 짓기

이름을 지을 때 전문성을 강조할 수도 있고, 정체성을 강조할 수도 있습니다. (물론 두 가지를 섞거나 제3의 방법도 가능합니다) 예를 들어 '앤디파파'나 '백곰삼촌'은 전문성보다는 정체성을 강조한 이름이고, '김군스로스팅팩토리'와 같은 이름은 전문성을 강조한 이름입니다.

이름을 지을 때 전문성을 강조할지 아니면 정체성을 강조할지는 선택의 문제입니다. 아무래도 정체성을 강조한 이름은 사람들의 감성에 조금 더 쉽게 다가갈 수 있는 장점이 있지만, 브랜드의 특징을 드러내기는 쉽지 않습니다. 반면에 전문성을 강조한 이름은 브랜드의 특징을 잘 알릴 수 있지만, 사람들의 감성에 다가가기는 쉽지 않습니다. 그러면 이런 문제를 어떻게 해결할 수 있을까요? 프로필의 [소개]가 바로 이런 문제를 보완할 수 있는 대안입니다. 이름으로 표현하지 못한 이야기를 [소개]에서 짧고 굵은 문장으로 보여줄 수 있습니다.

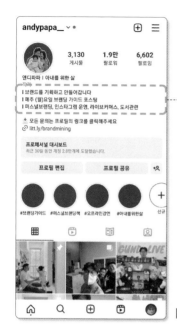

····· 앤디파파 소개

[그림 2-2] '앤디파파'의 [소개]

같은 [사용자 이름]이 있을 때 이것을 해결하는 꿀팁

더 알 아 두 기

인스타그램에서 [사용자 이름]은 사용자를 구분하는 ID이기 때문에 같은 이름이 있으면 등록이 안 됩니다. 그런데 만일 같은 [사용자 이름]을 내가 꼭 쓰고 싶다면 어떻게 해야 할까요? 이때에는 이름 뒤에 숫자나 '_(언더바)'와 같은 식별 기호를 붙여 [사용자 이름]으로 등록할 수 있습니다. 이때 숫자보다는 '_(언더바)'를 추천합니다. 숫자를 사용하면 직관적으로 이름을 인식하기가 어려울 수 있습니다.

예를 들어 [사용자 이름]을 'andypapa77'로 하면 이름이 andypapa가 아니라 'andypapa+77'로 읽힙니다. 즉, '앤디파파+숫자'로 두 가지를 함께 인식하고 뜻을 해석하게 됩니다. 하지만 'andypapa_'로 하면 뒤에 언더바가 있어도 이름은 여전히 andypapa로 쉽게 읽힙니다. 결국 작은 차이 하나로 내가 원하는 [사용자 이름]을 그대로 사용할 수 있습니다. (이때 언더바를 여러 개 붙여도 됩니다.)

Chapter 3
프로필 색깔과 사진 – 퍼스널 브랜드 이미지

3.1 [프로필] 색깔 - 브랜드 이미지

인스타그램은 이미지나 영상으로 브랜드의 콘텐츠를 보여주는 플랫폼으로 프로필에 하나의 주된 색깔을 사용하면, 시각적으로 통일된 이미지를 보여줄 수 있어서 브랜드 인지도를 높이는 데 많은 도움이 됩니다.

그런데 어떤 색깔을 주된 색깔로 할지는 사람마다 달라서 자신이 선호하는 색깔을 선택하면 됩니다. 다만, 인스타그램에서는 카테고리별로 비슷한 색깔을 쓰는 예가 많습니다. 아마 자신이 활동하는 분야의 제품 특성이나 팔로워의 선호도를 먼저 고려하기 때문인 것 같습니다. 예를 들면, 육아 카테고리에서는 '따뜻한 파스텔 톤의 브라운 색깔'이나 '사랑스러운 분홍색'을 많이 사용하고 있습니다.

프로필의 주된 색깔은 한 개가 아니라 몇 개를 정해서 번갈아 사용할 수도 있습니다. 이때 주된 색깔은 한 개로 고정하고 색깔의 톤을 조절하여 변화를 주는 것이 브랜드의 통일적인 이미지를 관리하는 데 유리합니다.

저는 프로필의 주된 색깔로 초록색을 사용합니다. '앤디파파'라는 브랜드가 보여주고자 하는 '아내와 가족을 사랑하는 아빠 & 남편'의 이미지를 표현하는 데는 초록색이 적합하다고 생각하기 때문입니다.

색깔에 대한 탁월한 감각을 프로필에 창의적으로 적용한 사례도 있습니다. 바로 '레모니(@_____lemony)'라는 브랜드입니다. 프로필 사진에 사람이나 로고를 전혀 사용하지 않고, 주된 색깔로 자신을 표현한 것이 매우 인상적입니다. 레몬을 연상하게 하는 레모니라는 이름과 과일 레몬의 색깔이 너무도 잘 조화를 이룹니다. '레모니'는 프로필에서 색깔로 자신을 표현한 새로운 도전 모델이라고 생각합니다.

다음은 주요 기업 브랜드의 주된 색깔입니다. 프로필 색깔을 고민할 때 참고하기를 바랍니다.

- **빨간색(red)** : 슈프림, 넷플릭스, 유튜브, 레드불, 레이밴, 레고, 꼼데가르송, 핀터레스트

- **오렌지색(orange)** : 아마존, 할리 데이비슨, 에르메스, 팀버랜드, 던킨도너츠

- 노란색(yellow) : 메가커피, 카카오톡, 페라리, 스냅챗, 이케아, 포켓몬, 베스트바이

- **녹색(green)** : 스타벅스, 이니스프리, 하이네켄, 라코스테, 비비고,

써브웨이

○ **흰색(white) :** 샤넬, 오프화이트, 버버리, 프라다, 나이키, 구찌, 자라

● **파란색(blue) :** 유니세프, 페이스북, 트위터, 인텔, 링크드인, BMW

● **자주색(purple) :** 인스타그램, 마켓컬리, 타코벨, 트위치, 씨유, 엘에
이 레이커스

● **분홍색(pink) :** 에뛰드하우스, 야놀자, 배스킨라빈스, 핑크퐁

● **갈색(brown) :** 네스프레소, 고디바, UPS

3.2 [프로필] 사진 - 브랜드 개성

퍼스널 브랜드는 대부분 개성과 신뢰감을 전달하기 위해 자기 얼굴을
프로필 사진으로 많이 사용합니다.

'앤디파파'의 프로필 사진에도 저와 아내, 제 딸 하늘 3명이 있습니다.
이유는 프로필 사진에서 '가족에 관한 이야기'라는 브랜드 메시지를
전하기 위해서입니다. 실제로 많은 육아 관련 계정은 아이와 함께 찍
은 사진을 프로필 사진으로 사용합니다. 유명한 인플루언서인 '시우
맘@__siu.mom(책 육아하는 시우맘⊙)' 님의 프로필 사진도 보라색과
브라운이 조합된 메인 색채에 아이와 함께 찍은 화사한 사진입니다.

프로필 사진으로 얼굴 사진을 사용할 때는 전문가다움을 강조하기 위
해 얼굴만 크게 나온 사진을 사용하는 것도 좋은 방법입니다. 이렇게
하면 강한 인상을 줄 수 있습니다. 이 방법은 주로 해외 퍼스널 브랜

드가 많이 사용하는 것으로, 크리에이터와 같이 창의적인 지식을 전달하는 퍼스널 브랜드에게 좋은 대안이 될 수 있습니다. 예를들어 @omareltakrori 계정을 살펴보면 자신의 얼굴이 최대한 크게 나오도록 프로필 사진을 설정해 놓았습니다. 이렇게 얼굴이 강조된, 임팩트 있는 프로필 사진으로 브랜드 이미지를 나타내면서 릴스를 통해 자기 모습을 영상으로 임팩트 있게 공유합니다.

프로필 사진과 관련하여 한 가지 주의할 점이 있습니다. 개인 사업자가 자신의 사업장을 홍보하기 위한 목적으로 프로필 사진으로 브랜드 로고를 사용하면, 자칫 기업 광고 계정으로 인식될 수 있어서 인스타그램 계정을 활성화하는데 어려움이 생길 수 있다는 점을 고려할 필요가 있습니다.

Chapter 4
생생한 브랜드 스토리 공유

인스타그램의 [스토리]는 [피드]보다 더 많은 콘텐츠와 이야기를 담을 수 있는 공간입니다. 실제로 인스타그램 사용자의 절반 이상이 매일 [스토리]를 본다는 조사 결과가 있을 정도로 많은 사람이 [스토리]로 콘텐츠를 소비하고 있습니다. 그러면 [스토리]와 [피드]의 가장 큰 차이는 무엇일까요?

4.1 [스토리]의 장점

_ 화면이 크다 _

[피드]는 이미지나 영상을 가로와 세로 비율이 4:5나 3:3처럼 스마트폰 화면의 절반 크기의 정사각형 모양으로 보여주지만, [스토리]는 가로와 세로의 비율이 9:16으로 꽉 찬 스마트폰의 화면 크기로 보여줍니

다. 따라서 사람들은 크기가 더 큰 [스토리]의 이미지나 영상에 더 강한 인상을 받습니다. 그뿐 아니라 정보도 더 많이 담을 수 있으며, 전신 사진이나 배경이 큰 사진이라도 원본의 크기를 조정하지 않고 그대로 [스토리]에 게시할 수 있는 장점이 있습니다.

[그림 2-3] 스마트폰 절반 크기의 [피드] 이미지

[그림 2-4] 스마트폰 크기와 같은 [스토리] 이미지

_ 24시간이 지나면 게시물이 사라진다 _

[스토리]에 게시한 콘텐츠는 [피드]와 달리 24시간이 지나면 스마트폰에 남아있지 않고 사라져 더는 공유되지 않습니다. 이런 이유로 [스토

리]에 게시물을 올릴 때는 [피드]에 게시물을 올릴 때보다 심리적 부담이 줄기 때문에 순간의 감정 상태나 사소한 일상을 여과 없이 실시간으로 많이 올릴 수 있습니다. 실제 인스타그램이 조사한 바에 따르면, 친구에게 자신이 현재 무엇을 하는지 보여주고 싶을 때나 필터링이 되지 않은 생생한 콘텐츠를 보여주고 싶을 때, [피드]보다는 [스토리]를 더 선호한다고 합니다.

_ 다양한 편집기능이 있다 _

[스토리]에는 '스티커'와 '이모티콘', 'GIF' 기능을 사용하여 내 감정과 상태를 적절하게 표현할 수 있고, '투표하기' 기능으로 사람들의 참여와 자연스러운 소통을 유도할 수도 있습니다.

[그림 2-5] [스토리]의 '스티커, 이모티콘, GIF' 기능

4.2 [스토리]로 일상의 생생한 브랜드 스토리 공유

인플루언서들은 [피드]에 게시물을 올리지 않는 날에도, [스토리]에는 일상의 이미지와 영상을 실시간으로 많이 올립니다. 아침에 무엇을 먹었는지, 점심때는 누구를 만났는지, 저녁에는 어디를 갔는지 부단히 공유합니다. 이렇게 [스토리]에 올라온 영상과 사진을 보고 있으면, 마치 관찰 예능 프로그램을 보고 있다는 착각이 들기도 합니다. 인플루언서들은 왜 이렇게 많은 영상과 사진을 [스토리]로 공유할까요?

첫째, [피드]에 게시하기에는 적절하지 않지만 놓치기 싫은 소소한 일상의 생생한 기록을 부담 없이 공유하여 사람들의 관심을 계속 붙잡아 둘 수 있기 때문입니다.

둘째, 자신의 콘텐츠 노출 확률을 높일 수 있기 때문입니다. [스토리] 게시물의 휘발성과 가벼운 특성 때문에 하루에 수십 개의 이미지와 영상을 부담 없이 올릴 수 있습니다. 이렇게 하면 게시물의 수가 많아져 자신의 콘텐츠 노출 시간도 함께 늘어납니다. 그리고 [스토리]는 [피드]와는 다르게 새로운 콘텐츠를 게시할 때마다 팔로워들의 스마트폰 왼쪽 위편 맨 앞에 표시되므로 내 [스토리]에 더 많은 사람이 방문할 가능성이 커집니다. 한마디로 일상을 브이로그처럼 가볍게 노출하며, 더 많은 팔로워와 자신의 소식이 공유되도록 유도하는 것입니다.

그뿐 아니라 많은 인플루언서가 적극적인 소통을 위해 [스토리] 기능을 이용하여 질문과 설문, 퀴즈로 사람들의 참여를 유도하고 정보를 전달합니다. 대표적인 예로 공동구매를 진행하기 전에 '설문' 기능으로 사전 수요 조사를 진행하여 제품에 대한 수요를 미리 파악하는 인플루언서가 많습니다.

우리도 [피드]와 [스토리]의 이러한 특성을 잘 활용하면, 퍼스널 브랜딩 활동에서 상당한 시너지를 만들 수 있을 뿐 아니라, [피드]에 게시한 콘텐츠로 소통할 때보다 훨씬 더 효과적으로, 적극적으로 팔로워와 소통할 수 있습니다.

가령 이벤트를 진행할 때, [피드]에는 이벤트의 중요 내용을 게시하고 이벤트와 관련된 실시간 콘텐츠는 생생하게 [스토리]로 공유하면, 이벤트를 진행하는 동안 사람들의 호기심을 계속 유도할 수 있습니다. 이벤트를 진행하면서 메인 이벤트와 소소한 이벤트를 각각 [피드]와 [스토리]의 특성을 활용하여 시너지 효과를 만드는 것입니다.

저는 [스토리]를 통해 특정 프로젝트의 과정을 이벤트로 기획하여 팔로워들과 공유합니다. 이 책의 기획부터 출판까지의 과정도 이벤트로 기획하여, 주요 이야기는 [피드]에 게시하고 소소한 이야기는 [스토리]에 자주 올렸습니다. 이것은 앞에서 설명한 대로 브랜드 이벤트를 진행할 때, 이벤트는 [피드]로 공유하고 소소한 이벤트는 [스토리]로 공유하는 것과 같습니다. 다만 이벤트 기간이 긴 것이 다를 뿐입니다.

[스토리] 기능을 잘 사용하면, 내가 의도한 메시지를 사람들과 잘 공유할 수 있을 뿐 아니라, 다음 소식에 대한 궁금증을 계속 불러일으키는 효과가 있습니다. 그러기 위해서는 무엇보다 자신의 다양한 퍼스널 브랜딩 콘텐츠를 [스토리]나 [피드]로 공유하면서 [스토리]와 [피드]의 기능과 역할의 차이를 경험으로 명확하게 이해해야 합니다.

여러분도 자신의 퍼스널 브랜딩의 전 과정을 하나의 이벤트로 기획하여 [피드]와 [스토리]로 공유해 보기 바랍니다. 퍼스널 브랜딩 과정에서 느끼는 감정의 변화나 소소한 일상뿐 아니라, 의미 있는 인사이트와 공유하고 싶은 가치를 [피드]와 [스토리]로 공유하다 보면, 여러분의 진정한 가치와 노력에 공감하는 팔로워들이 찾아와 격려와 응원을 보낼 것입니다.

Chapter 5

스토리 하이라이트 - 미니 큐레이션

[스토리 하이라이트]에는 브랜드 활동과 관련된 콘텐츠를 효과적으로 분류하고 응축해서 전달할 수 있는 요긴한 기능이 있습니다. 인스타그램에서는 스토리가 게시된 후 24시간이 지나면 더는 전달과 노출이 되지 않습니다. 즉, 스토리의 유효 기간은 24시간인 셈이죠. 하지만 [스토리 하이라이트] 기능을 이용하면, [스토리]에 게시한 콘텐츠를 체계적으로 정리하여 팔로워와 계속 공유할 수 있습니다. 리뷰, 브랜드 스토리, 할인정보, C/S 안내, 브랜드의 주요 활동 등 마케팅과 브랜딩을 위해 전달하고 싶은 주제를 더 임팩트 있게 전달할 수 있는 미니 큐레이션 기능이라고 생각하면 됩니다.

저는 [스토리 하이라이트] 기능으로 '앤디파파'를 만들어 가는 과정을 '#브랜딩가이드', '#브랜드마이닝', '#아내를위한삶'으로 분류하여 팔로워와 공유하고 있습니다.

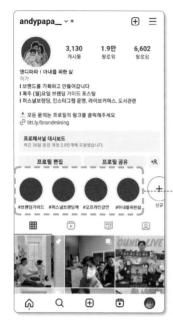

스토리 하이라이트

[그림 2-6] '앤디파파'의 [스토리 하이라이트]

공동구매를 하는 브랜드 '하봄(@habom_official)' 님의 [스토리 하이라이트] 사례도 참고하면 많은 도움이 됩니다. 육아용품 공동구매로 유명한 '하봄(@habom_official)' 님은 상품 문의부터 공구 오픈, 배송 조회, 기타 고객이 자주 문의하는 내용을 타이포그래피로 정리하여 [스토리 하이라이트] 기능을 이용하여 효과적으로 고객과 소통하고 있습니다.

[스토리 하이라이트]의 프로필 커버 이미지는 브랜드의 통일성을 위해 될 수 있으면 프로필과 같은 색깔을 사용하는 것이 좋습니다. 단, 이렇게 하려면 이미지를 파워포인트나 포토샵을 이용하여 따로 이미지 파일로 만들어 스마트폰에 저장해 두어야 합니다.

Chapter 6

내 프로필에 고정
– 퍼스널 브랜딩 주제의 시각화

[내 프로필에 고정]은 인스타그램에, 최근에 추가된 기능으로 온라인 카페의 '공지' 기능과 비슷합니다. 이 기능을 사용하면 [피드]에 게시한 콘텐츠를 3개까지 프로필 화면에 붙박이로 고정할 수 있습니다. 이렇게 되면 15㎝밖에 되지 않은 스마트폰의 작은 화면에 자신이 공유하고 싶은 브랜드 콘텐츠를 우선 노출할 수 있으므로 브랜드 소통을 강화할 수 있습니다.

········ 고정된 게시물

[그림 2-7] [내 프로필에 고정]으로 고정된 게시물

[내 프로필에 고정] 기능을 이용하여 [프로필] 화면에 콘텐츠를 고정할 때, 되도록 색채나 구도가 통일성이 있어야 주목도가 높습니다. 그냥 이전에 임의로 [피드]에 게시한 콘텐츠를 선택해서 고정하게 되면 콘텐츠의 통일성이 떨어지기 때문에, 처음부터 목적과 용도에 맞도록 따로 콘텐츠를 기획하는 것이 좋습니다.

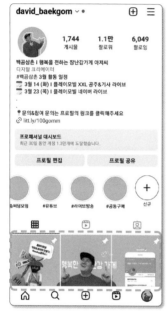

[그림 2-8] 색깔과 구도가 통일된
[내 게시물에 고정] 이미지

참고로 Grid Post라는 앱을 사용하면 이미지를 인스타그램에 최적화된 디자인으로 쉽게 편집할 수 있습니다. Grid Post는 '구글 플레이 스토어'나 '앱스토어'에서 다운을 받을 수 있습니다.

[내 프로필에 고정(상단 고정)] 기능은 목적에 따라 다음과 같이 다양한 용도로 사용할 수 있습니다.

◎ 브랜드 이미지 홍보

'앤디파파'와 '회화 전공 엄마가 만드는 감성 미술 키트_놀자르트 (nolzart)' 님의 오피셜 계정은 주로 브랜드 이미지를 적극적으로 알리기 위해 [내 프로필에 고정] 기능을 사용합니다.

◎ 제품 체험 활동 홍보

'백곰삼촌'은 장난감 모임과 오프라인 수업 장면 등을 카드 뉴스로 만들어 브랜드 사용자들의 생생한 체험을 [내 프로필에 고정] 기능을 사용하여 공유하고 알림으로써, 브랜드 이미지와 신뢰감을 높일 뿐 아니라 판매로도 연결하고 있습니다.

◎ 판촉 이벤트 홍보

대부분 공동구매 브랜드는 판촉 행사를 진행할 때, 제품이나 판촉 행사 내용과 같은 제품 구매와 관련된 중요한 정보를 안내하고 홍보하여 판매를 높이기 위한 목적으로 [내 프로필에 고정] 기능을 많이 사용합니다.

◎ 브랜드 게시판

[내 프로필에 고정] 기능을 사용하여 '브랜드 게시판'을 만들어, 마치 일반 회사의 홈페이지에 있는 '회사 소개'처럼 운영할 수도 있습니다. 예를 들어 제품이나 서비스 소개, 브랜드 히스토리, 브랜드 활동 등과 같이 주제를 분류한 다음 각 특성에 맞는 콘텐츠를 기획하여 프로필 화면에 고정할 수 있습니다.

Chapter 7

[소개], [카테고리], [외부 링크]
- 퍼스널 브랜딩 정보 게시판

7.1 [소개] - 가장 많은 브랜드 정보 공유

[소개]는 일종의 브랜드 게시판으로 150자 이내에서 자유롭게 텍스트를 입력할 수 있습니다. 일반적으로 퍼스널 브랜드가 많이 사용하는 [소개]의 용도는 다음과 같습니다.

- 자신이 어떤 브랜드인지, 브랜드가 지향하는 가치가 무엇인지 간략히 설명합니다.
- 수익 활동을 위한 일정표나 행사, 이벤트 등을 안내합니다.

'앤디파파'는 [소개]를 주로 첫 번째 용도로 사용하지만, '백곰삼촌'은 자신의 브랜드를 알리면서 주요 행사나 이벤트를 알리는, 좀 더 적극적인 용도로 사용합니다.

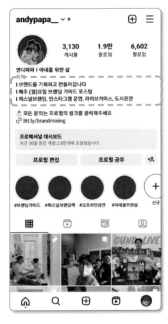

[그림 2-9] '앤디파파'의 [소개] [그림 2-10] '백곰삼촌'의 [소개]

[소개]에는 매우 중요한 '해시태그' 기능이 있습니다. 이 기능을 이용하면, 자신의 브랜드 리뷰를 수집해서 한 눈에 쉽게 확인하게 할 수도 있고, 브랜드 콘셉트를 가장 잘 보여줄 수 있는 활동을 해시태그로 연결하여, 브랜드 활동의 이력을 아무나 쉽게 보게 할 수도 있습니다. 그뿐 아니라 브랜드 활동 히스토리를 해시태그로 연결해서 협업 파트너에게 나를 잘 소개할 수도 있어서 나와 협업을 원하는 제품 브랜드사나 에이전시가 내가 어떤 활동을 하는지 궁금할 때, 이 해시태그를 눌러서 한눈에 파악하게 할 수 있습니다.

해시태그

[그림 2-11] [소개]에 해시태그가 있습니다.

저는 비즈니스를 주로 하는 기업이나 개인 사업자를 컨설팅할 때, 반드시 [소개]에 해시태그를 삽입하라고 권합니다. 예를 들어 '컬렉타'라는 영국의 프리미엄 수제 동물 피규어 회사가 있습니다. 이 브랜드를 국내에서는 판매하고 있는 '더토이즈(@the_toys_thanks)'라는 회사의 [소개]에는 '#컬렉타'라는 해시태그가 들어 있습니다. '컬렉타'라는 브랜드가 궁금한 사람은 이 해시태그만 누르면 인스타그램에 올라온 '컬렉타'의 생생한 후기와 리뷰를 볼 수 있습니다. 실구매 고객들의 후기라 구매를 망설이는 사람도 신뢰하고 제품을 구매할 가능성이 커집니다.

7.2 [카테고리] - 브랜드 신뢰성과 전문성 공유

인스타그램에서 [카테고리]는 [프로필 사진]과 함께 퍼스널 브랜드의 아이덴티티를 전달할 수 있는 곳으로 프로필을 방문하는 사람에게 퍼스널 브랜드의 주된 콘텐츠와 전문 분야를 알려줍니다.

'앤디파파'의 [카테고리]는 '작가'이며, 인스타그램 강사로 유명한 '황캡틴(@hwangcaptain)' 님의 [카테고리]는 '디지털 크리에이터'입니다. 그리고 유아용품 공동구매로 유명한 '하봄(@habom_official)' 님의 [카테고리]는 '유아용품/어린이용품'입니다. 이렇게 [카테고리]를 보면 퍼스널 브랜드의 주요 콘텐츠와 전문 분야가 무엇인지 바로 알 수 있습니다.

인스타그램은 1,000여 개의 일반적인 카테고리 분류와 세부적인 카테고리 분류가 다르게 설정되어있습니다. 세부적인 카테고리를 설정하려면, 프로페셔널 계정으로 전환해야 합니다.

7.3 [외부 링크] - 다른 웹페이지로 안내하는 징검다리

※ [외부 링크] 설정하기 : [프로필]에서 '프로필 설정' 선택 → [프로필 편집]에서 '링크' 선택 → [링크]에서 '외부 링크 추가' 선택 → [외부 링크 추가]에서 링크하려는 웹페이지 URL과 제목 입력.

[외부 링크]는 콘텐츠에 반응하는 사람들이 내가 의도한 외부 사이트로 갈 수 있도록 연결해 주는 일종의 징검다리입니다.

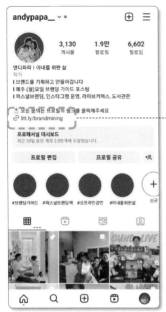

····· 외부 링크

[그림 2-12] 징검다리 역할을 하는 [외부 링크]

그런데 [외부 링크] 주소 위에 적극적인 행동을 유도하는 '구매를 원하신다면 프로필의 링크를 눌러주세요' 또는 '모든 문의는 프로필의 링크를 클릭해 주세요'와 같은 문구를 넣는다면, 더 적극적인 행동을 유도할 수 있습니다. (이렇게 하는 것을 마케팅 전문 용어로 '콜 투 액션(call to action)'이라고 합니다) 행동 유도 문구는 '링크 추가'에서 입력하지 않고 [소개]에서 입력해야 하며 방법은 다음과 같습니다.

1. [프로필]에서 '프로필 편집' 선택

2. [프로필 편집]에서 '소개' 선택

3. [소개]에서 '자기소개' 글 뒤에 행동 유도 문구 입력

이렇게 행동 유도 문구를 입력하면, 대부분 [프로필] 화면의 [소개] 맨 아래쪽에 '더 보기'가 나타나고, 이것을 누르면 '소개 메뉴'에서 입력한 행동 유도 문구가 나타납니다.

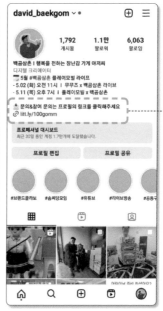

[그림 2-13]
'행동 유도 문구'를 입력하면 [소개]에 '더 보기'로 보입니다.

[그림 2-14]
'더 보기'를 누르면 '행동 유도 문구'가 보입니다.

장난감을 주제로 한 퍼스널 브랜드 '백곰삼촌'은 외부와 협력할 일이 많으므로 '문의 & 참여 문의는 아래 프로필 링크를 클릭해 주세요'라는 행동 유도 문구를 사용하고 있습니다.

인스타그램은 1개의 [외부 링크]만 입력할 수 있도록 기능을 제한하고 있습니다. 이런 불편을 해소하기 위해 많은 사람이 '리틀리(litt.ly)'와 같은 멀티 링크 서비스를 사용합니다. 퍼스널 브랜딩 활동에 매우 편리하고 유익한 '리틀리(litt.ly)' 서비스에 관해서는 이 책의 'Part 6 〈퍼스널 브랜딩의 수익화를 도와주는 '리틀리' 서비스〉'를 참고하기를 바랍니다.

해킹 방지를 위한 2단계 계정 설정

더 알 아 두 기

요즘 자신의 계정에 새롭게 늘어나는 팔로워의 상당수가 부업 계정이나 비정상적인 홍보 계정이라서 당황한 경험이 있을 것입니다. 이 계정들은 대부분 해킹을 당한 유령 계정들입니다.

해킹을 사전에 방지하려면 확인되지 않은 휴대전화나 컴퓨터에서 내 인스타그램 계정에 로그인하지 못하게 하는 2단계 인증 보안 설정을 해야 합니다. 특히 프로페셔널 기능을 설정했거나 광고 결제 기능을 추가한 분들은 반드시 2단계 인증 보안을 설정하기를 바랍니다.

인스타그램에서 2단계 인증을 설정하는 방법에는 '인증 앱', 'WhatsApp', '문자 메시지'가 있습니다. 이 중에서 보안이 가장 강력하고 사용하기 쉬운 방법은 '인증 앱'입니다.

2단계 인증 설정은 인스타그램 계정 오른쪽 위의 햄버거 모양의 메뉴 버튼을 누르고 [설정]에 들어가 안내에 따라 진행하면 됩니다.

미술 전공 엄마가 만든 감성 미술 키트
'놀자르트(nolzart)'

Q_ 퍼스널 브랜드를 시작한 특별한 이유가 무엇인지 궁금합니다.

저는 미술 전공을 하고 현대미술을 공부했습니다. 그러다 보니 아이의 미술교육이 시대 흐름과 거리가 있다는 것을 알고 늘 마음이 불편해서 현대미술에 발맞춘 교육을 연구하고 수업도 직접 해보았습니다. 그런데 곧바로 코로나 팬데믹으로 오프라인 수업이 어려워져서 이번 기회에 제가 추구하는 프로세스 아트(Process Art)라는 과정 중심의 미술 활동을 키트로 한번 만들어 봐야겠다는 생각으로 '놀자르트(nolzart)'를 시작했습니다. 이름과 로고를 만들자 뭔가 브랜드라는 느낌이 들었고, 내가 추구하는 미술 키트에 브랜드 이름을 붙여서 판매하면, 브랜드가 알려지면서 자연스럽게 브랜딩이 된다고 아주 단순하게 생각했습니다.

Q_ 인스타그램으로 퍼스널 브랜딩을 처음 시작했을 때 어땠나요?

제가 만든 감성 미술 키트를 사람들에게 알리는 방법을 고민하다가 난생처음 유튜브와 인스타그램을 시작했습니다. 하지만 당시 100명 정도의 지인 팔로워만 있던 계정으로 어떻게 시작해야 할지 막막했습니다. 그때 '앤디파파' 님을 만나는 행운이 찾아왔습니다. 1만이 넘는 팔로워가 있는 '앤디파파' 님을 만난다는 게 꿈만 같았고, 제 키트를 한번 써보고 '앤디파파' 님의 인스타그램에 후기를 올려달라는 부탁을 하려고 했습니다. 그렇게 되면 팔로워가 금방 늘어나고, 키트도 쭉쭉 팔려나갈 것이라는 기대가 한껏 부풀어 올라, '앤디파파' 님과 약속을 하고 나서 키트 100개 분량의 재료도 따로 주문했습니다.

저는 7년 동안 독박 육아를 해왔던 터라 인스타그램은 매우 생소한 매체였습니다. '앤디파파' 님을 만나서 인스타그램에서 팔로워를 만드는 방법과 소통하는 과정을 난생처음 들었습니다. 콘텐츠로 소통하는 방법이나 공구, 댓글, 피드 꾸준히 올리기 등 지금 생각하면 너무 좋은 팁이었지만, 저에게는 무척 낯설고 생소한 이야기였습니다. 그래서 미팅을 마치고 집에 와서 망연자실하고 말았습니다. 키트 100개도 부족할까 봐 걱정한 것이 너무 허망한 착각이었고, 1만 팔로워 인플루언서가 저를 소개한다고 덩달아 제가 유명해지는 건 아니라는 것을 깨닫는 순간 현타가 밀려왔습니다. 며칠 동안 기운이 빠진 채 고민하다 두 가지를 결심했습니다. 서툴더라도 '앤디파파'님이 알려준 방법으로 일단 인스타그램 소통을 시작해 보자! 그리고 주문한 키트 재료 100개를 어떻게든 팔아보자!

Q_ 인스타그램으로 '놀자르트'를 알리기 위해 어떻게 했나요?

'앤디파파'님이 알려준 대로 인스타그램에 올리는 피드는 제 미술교육과 양육 철학을 보여주는 내용을 위주로 올렸습니다. 육아 맘들을 팔로우하면서 그들과 소통도 시도해 보았습니다. 무엇보다 키트 100개를 팔아야하니까, 우리 키트의 좋은 점을 계속 고민하며 스마트스토어에 상세 페이지도 만들고, 인스타에 스토어 링크를 공유해 유입을 시도해 보기도 했습니다. 그렇게 몇 개월 동안 인스타그램 활동을 하면서 '이렇게 하는 게 맞는가?' 하고 몇 번을 고민했는지 모릅니다. 이 과정에서 '성향상 내가 SNS 소통에 능한 사람은 아니구나'라는 생각으로 회의감이 들기도 했지만, 마땅히 다른 방도가 없어 꾸준히 습관처럼 피드를 올렸습니다.

어떻게 보면 '놀자르트'의 브랜딩을 저도 모르게 자연스럽게 시작하고 있었던 겁니다. 제 미술교육과 육아 철학만을 걸러 피드를 올리다 보니, 거울을 보듯 제가 추구하는 미술교육의 방향이 더 명확해지는 느낌을 받았습니다. 아이들하고 미술 활동을 하거나 키트를 만들어 피드에 올리다 보면, '이건 내가 원하는 방향이고 이건 좀 다른 방향이다'라는 식으로 판단의 기준이 생기면서 제가 추구하는 가치와 브랜드의 방향을 더 확실하게 보여줘야겠다는 생각이 들었습니다.

Q_ 인스타그램으로 브랜딩을 시작하기 전과 후를 비교해 보면 뭐가 달라 졌나요?

두 달 정도 되었을 때, 팔로워가 4~500명 정도로 늘었던 것 같고, 몇몇 업체에서 우리 키트를 위탁 판매하고 싶다는 연락을 받았습니다. 인스타 공구를 하거나 스토어에 판매해 보고 싶다는 분들도 생겨났습니다. 모든 것이 너무 신기했습니다. 인플루언서는 아니지만, 인스타그램을 보면서 제가 추구하는 미술 방향에 공감해 주고 함께 해보고 싶다는 분들이 있다는 게 너무 큰 힘이 되었습니다.

이런 과정을 경험하면서 '앤디파파' 님이 조언한 대로, 팔로워를 늘리기보다 '놀자르트'의 브랜드 색깔과 저의 삶, 미술 철학을 공유하는 것이 더 중요하다는 것을 알게 되었습니다. 인스타그램에서 퍼스널 브랜드로 성장하려면, 무엇이 중요한지 조금씩 깨닫기 시작한 것이죠. 팔로워가 빨리 늘지는 않았지만, 그래도 '놀자르트'가 추구하는 가치를 사랑하는 분들이 꾸준히 찾아왔습니다. 그래서 팔로워에 집착하지 않고, '놀자르트'의 가치와 콘셉트를 구축해 나가는 데 더 집중할 수 있게 되었습니다.

코로나 거리 두기 규제가 완화되면서 키트가 아닌 오프라인으로 '놀자르트'를 알릴 기회도 생겼습니다. 새롭게 시작한 '놀자르트' 오프라인 수업 소식을 인스타그램에서 알렸을 때, 많은 인친님이 격려와 응원을 해주었고, 협력업체에서 게시한 '놀자르트'의 수업 피드를 보고 단독 수업을 의뢰한 단체도 있었습니다.

키트가 새로 나오거나 새로운 프로젝트가 시작될 때, 제일 먼저 인친님들께 소식을 알렸습니다. 키트 판매나 수업이 잘되지 않아서 진짜 그만두어야겠다는 마음이 들 때, 인친님들이 보내주시는 '좋아요'나 '댓글'을 지팡

이 삼아 다시 도전하곤 했습니다. 저에게는 인친님들이 참으로 소중하고 감사한 분들입니다.

Q_ 이 책의 독자분들께 퍼스널 브랜딩에 대해 전하고 싶은 메시지가 있나요?

저는 인스타그램을 통해서 퍼스널 브랜딩이 무엇인지 알게 되었습니다. 제가 생각하는 퍼스널 브랜딩이란 자신의 브랜드 목적과 정체성에 대해 깊이 생각하며 브랜드의 장점을 강화하고 이를 공유하는 과정이라고 생각합니다. 제가 중요하게 생각하는 '놀자르트'의 브랜드 철학이 다른 사람의 삶에 끼치는 영향을 끊임없이 점검하고 연구하면서, '놀자르트'를 좋아하고 사랑하는 분들과 신뢰를 쌓아가려고 노력하고 있습니다. 이러한 과정을 계속 열심히 해 나가는 것이 바로 퍼스널 브랜딩이라고 생각합니다.

지금 저는 두 개의 인스타그램 계정을 운영하고 있습니다. 하나는 삶의 철학을 보여주며 소통을 중심으로 운영하는 퍼스널 브랜딩 계정이고, 다른 하나는 '놀자르트' 제품과 브랜드의 방향성을 모아놓은 오피셜 계정입니다. 아직도 '놀자르트'가 어떤 브랜드인지 보여줄 만큼 브랜딩이 된 것은 아니지만, 그래도 제가 추구하는 방향을 연구하고 실행하면서 꾸준하게 콘텐츠를 인친님들과 공유하고 있습니다. 나아가 이 과정을 통하여 '놀자르트'의 정체성을 더 확실하게 찾아가고 싶습니다.

'앤디파파' 님이 언젠가 저에게 이런 말을 해주었습니다. "브랜딩은 끝이 없는 과정의 연속입니다." 처음에는 이 말이 잘 이해가 되지 않았는데, 브랜드 콘셉트를 정하고, 알리고, 수익화까지 연결되는 과정을 겪어보니,

이제 어느 정도 이해가 되었습니다. 만약 퍼스널 브랜딩을 고민하는 분이 있다면, 어떤 가치를 공유할지를 먼저 생각해 보라는 조언을 해주고 싶습니다.

인스타그램
퍼스널
브랜딩

Part 3

퍼스널 브랜드 콘셉트 기획

퍼스널 브랜딩은 제품이 아니라 차별화된 콘셉트와 메시지를 통해 '나의 가치'를 다른 사람들과 공유하는 과정입니다. 브랜드 콘셉트는 추상적이거나 모호하지 않게 구체적으로 표현해서 전달되도록 차별성이 있어야 합니다. 저는 '아내를 위한 삶'이라는 명확한 콘셉트로 '앤디파파' 브랜드를 수많은 육아 대디 계정과 차별화하였습니다.

Chapter 1
콘셉트를 결정하는 3요소

인스타그램에서 브랜드 콘셉트를 고민할 때 중요하게 고려할 3가지 요소가 있습니다. 그것은 바로 '지속성(persistence)', '반응성(reactivity)', '차별성(Differentiation)'입니다. 하지만 이것을 알아보기에 전에 먼저 세 가지 생각해 볼 점이 있습니다.

첫째, 사람들은 대부분 브랜드 콘셉트를 고민할 때, 주제를 먼저 정하고 그 안에서 차별성을 찾으려고 합니다. 브랜드 콘셉트를 충분히 고민하지 않고, 자신이 현재 '좋아하거나 잘한다'고 생각한 것에서만 브랜드 주제를 찾곤 합니다. 그렇게 하면 '좋아하는 것'과 '잘하는 것'은 언제든지 바뀔 수 있어, 나중에 브랜드의 일관된 콘셉트를 유지하고 확장해 나가는데 어려움이 생길 수 있습니다. 퍼스널 브랜딩을 시작할 때는 먼저 자신이 '좋아하는 것'과 '잘하는 것'에서 브랜드 주제를 찾으려고 하지 말고 힘들더라도 '내가 삶에서 추구하는 가치'가 무엇인지 곰곰이 생각해 봐야 합니다. 이것을 바탕으로 브랜드 콘셉트의 방향을 고민한 다음에 브랜드 주제를 잡으면, 자연스럽게 내가 '좋아하는 것'과 '잘하는 것'이 브랜드 콘셉트를 더 다양하게 확장하고 발전시키는 매개체 역할을 할 수 있습니다.

둘째, 일정 시간 동안 고민을 거쳐서 잡은 브랜드 콘셉트가 정답이 아닐 수도 있다는 것을 받아들이는 오픈 마인드가 필요합니다. 많은 전문가가 퍼스널 브랜딩을 위해서는 우선 내 정체성을 찾기 위해 스스로 자신을 들여다봐야 한다고 합니다. 하지만 이렇게 찾아낸 내 모습이 완벽한 정답이 아닐 수도 있다는 사실을 받아들이는 태도도 필요합니다. 그래야만 우리는 퍼스널 브랜딩 과정에서 시행착오를 겪으면서도 계속해서 도전하고 발전해나갈 수 있기 때문입니다.

셋째, JYP의 박진영 대표가 꿈과 인생의 방향성에 관해 방송에서 이렇게 이야기한 것을 들은 적이 있습니다. "'나는 무엇이 되고 싶다(I want to be)'가 아니라, '나는 무언가를 위해 살고 싶다(I want to live for)'가 꿈이 돼야 한다고 생각합니다. 저는 퍼스널 브랜딩을 위해서라면 내가 인생 전체를 바칠 만한 '가치'를 찾는 것이 중요하다고 생각합니다. 내가 되고 싶은 목표가 이루어지지 않으면 슬퍼지고, 목표를 이루고 나면 허무해집니다. 그래서 '내가 무엇이 되고 싶다'라는 1차원적인 목표는 이루어지건 이루어지지 않건 우리에게 방향을 잃게 할 수도 있습니다."

저는 이 말에 전적으로 공감합니다. '나는 무엇이 되고 싶다'라는 것이 브랜딩의 단계 단계를 만들어 가기 위한 목표가 될 수는 있지만, 브랜딩 전체를 아우르는 목표가 되어서는 안 된다고 생각합니다. 퍼스널 브랜딩의 목표는 '나는 무엇을 위해 살고 싶다'라는 꿈으로 잡아야 합니다. 그래야 우리는 흔들리지 않는 '이기는 브랜딩'을 할 수 있습니다.

'앤디파파'는 '아내를 위한 삶'이라는 가치를 브랜드 콘셉트로 삼아 활동하고 있고, '백곰삼촌'은 장난감을 통해 '행복'이라는 가치와 꿈을 전달하기 위해 노력하고 있습니다. 둘 다 '가치'를 추구하되, '앤디파파'는 자아실현을 우선하고 '백곰삼촌'은 수익화를 브랜딩의 목표로 삼고 있습니다. 이렇게 자아실현을 위한 브랜딩 활동을 우선할지 수익화를 위한 브랜딩 활동을 우선할지는 퍼스널 브랜드가 추구할 '가치'를 찾은 후 선택하면 됩니다. 브랜드가 추구하는 '가치'가 없으면 '자아실현'도 없고, '수익성'도 오래가지 못합니다.

그럼, 지금부터 나만의 콘셉트를 결정하는 3가지 요소인 '지속성, 반응성, 차별성'에 관해 구체적으로 알아보겠습니다.

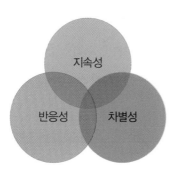

[그림 3-1] 브랜드 콘셉트의 3요소

1.1 지속성 : 브랜드 생명력

첫 번째 '지속성'입니다. 퍼스널 브랜딩은 완성된 제품이나 서비스를 브랜딩하는 것 아니라, 지속적인 콘텐츠 활동을 통해서 브랜드로 성장해 가는 과정입니다. 아무리 빠르게 변하는 세상이지만, 팔로워들은 자신이 좋아하는 퍼스널 브랜드가 한 분야에서 꾸준히 활동하고 계속 성장하는 모습을 지켜보면서, 그 브랜드의 캐릭터에 애정이 생기고 팬이 될 가능성이 큽니다. 여러분도 자신이 좋아하는 아이돌 그룹이나 아티스트가 성장해 가는 모습을 보면서, 함께 행복과 뿌듯함을 느낀 경험을 한 적이 있지 않나요? 저는 이것을 '캐릭터에 대한 몰입 효과'라고 생각합니다. 많은 애니메이션과 웹툰, 영화, 드라마가 주인공의 캐릭터를 다룰 때 성장의 관점에서 이야기를 전개하는 것도 이런 이유 때문입니다. 이처럼 자신이 좋아하고 관심이 있는 퍼스널 브랜드가 앞으로 어떻게 성장할지 팔로워가 기대하고 계속 지켜보게 하는 것이 퍼스널 브랜딩에서는 무척 중요합니다.

지속성은 퍼스널 브랜드에 호감을 느끼는 팔로워들에게 안정감과 신뢰감을 느끼게 합니다. '앤디파파'는 '아내에 대한 고마움'을 부단히 실천하고 공유합니다. 이렇게 지속해서 일관된 콘셉트를 유지하면, 팔로워들은 '앤디파파' 계정에서 올라오는 콘텐츠를 예측할 수 있으며, 이것이 지속될 때 '앤디파파'에 대한 안정감과 신뢰감을 느낍니다. 그래서 퍼스널 브랜드로 성장하려면, 자신의 브랜드 콘셉트로 지속적인 콘텐츠를 생산하여 팔로워와 공유할 수 있는지를 고민해야 합니다.

많은 분이 저에게 인스타그램에서 브랜드를 가장 빠르게 성장시키는 방법이 무엇인지 묻곤 합니다. 그럴 때마다 저는 한결같이 "팔로워와 '지속적'으로 관계를 맺고 공감하는 콘텐츠를 '지속해서' 공유하려는 노력이야말로 신뢰를 바탕으로 자신의 브랜드를 성장시켜 나가는 유일한 지름길입니다. 무엇보다도 자신이 지속할 수 있는 것을 찾기 위해 고민하는 것이 우선입니다. 만약 자신이 지속할 수 있는 브랜드 콘셉트를 찾아낸다면, 이후 퍼스널 브랜드로 성장하는 것은 절대 어렵지 않습니다."라고 대답합니다. 저는 처음 퍼스널 브랜딩을 시작하는 분들에게도 브랜드의 도구적 '기능'이 아닌 '가치'를 우선해야 한다고 말합니다. 기능은 퍼스널 브랜딩에서 고갈될 수 있는 콘텐츠의 한 요소이기 때문입니다.

생명력이 길고 지속성이 있는 브랜드 콘셉트란 달성하면 끝이 있는 목표가 아니라, 자기 삶의 원동력이자 브랜딩 활동을 하면서 한결같이 지속할 수 있는 '가치'를 말합니다. 평범해 보이지만, '앤디파파'의 '아내를 위한 삶'이나 '백곰삼촌'의 '행복한 장난감 가게 아저씨'라는 브랜드 콘셉트는 이런 고민을 통해서 나왔습니다. 이런 '가치'가 있었기에 둘 다 퍼스널 브랜딩 과정에서 이 가치를 실천하면서 콘텐츠도 지속해서 공유할 수 있게 되었습니다.

1.2 반응성 : 브랜드 성장 동력 [저장, 공유, 댓글, 좋아요]

다음은 '반응성'입니다. 반응성을 이해하려면 먼저 인스타그램이라는 플랫폼이 활성화되는 메커니즘을 알아야 합니다. 기본적으로 인스타그램 서비스는 많은 이용자가 자신의 플랫폼에서 더 많은 시간을 소비하도록 설계되어 있습니다. 사람들이 더 많이 찾아오고 더 오래 머물수록 인스타그램이라는 생태계에서 콘텐츠를 소비하는 활동을 더 많이 할 가능성이 커지기 때문입니다. (이 점은 인스타그램뿐 아니라 페이스북, 유튜브, 틱톡도 마찬가지입니다.)

인스타그램은 콘텐츠 반응 정도에 따라 가중치를 부여하는 추천형 알고리즘 방식을 취하고 있습니다. 반응성이 높은 콘텐츠를 더 많은 사람에게 노출함으로써 사람들이 더 오래 플랫폼에 머물도록 유도합니다. 이런 이유로 인스타그램에서 브랜딩 활동을 할 때, 무엇보다 반응성이 높은 콘텐츠를 공유해야 합니다.

인스타그램에서 내 콘텐츠에 대한 반응을 평가하는 척도는 '저장', '공유', '댓글', '좋아요' 데이터입니다. (내가 게시한 콘텐츠에 대한 팔로워들의 반응 데이터는 [프로페셔널 대시보드]에서 확인할 수 있습니다) 이 중에서 인스타그램이 가장 높게 평가하는 반응성 척도는 '저장'과 '공유'입니다. '저장'을 하면 내용을 확인하기 위해 인스타그램에 다시 접속할 확률이 높고, 콘텐츠를 '공유'하면 나뿐만 아니라 내가 콘텐츠를 공유한 사람도 게시물을 확인하기 위해 다시 인스타그램을 방문하여 공유받은 콘텐츠를 확인하면서 오래 머물기 때문입니다.

인스타그램에서 반응성은 시각적으로 표현되고 공유되는 특징이 있습니다. 그것이 바로 '좋아요'와 '댓글'의 숫자입니다. 내가 게시한 콘텐츠에 가장 먼저 노출된 사람들은 그 콘텐츠에 관심과 흥미를 느끼면, '좋아요'와 '댓글'로 적극적으로 반응합니다. 2차로 노출된 사람들은 해당 게시물에 달린 '좋아요'와 '댓글'의 숫자를 확인한 다음에 콘텐츠에 반응할 가능성이 큽니다. 따라서 인스타그램이나 유튜브와 같은 플랫폼에서는 사용자가 맨 처음에 게시한 콘텐츠에 대한 반응을 매우 중요하게 평가합니다.

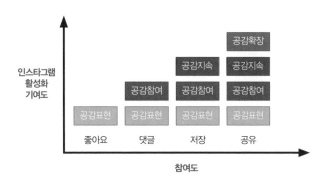

[그림 3-2] 콘텐츠 참여도와 인스타그램 활성화 기여도

이런 이유로 반응성은 퍼스널 브랜딩에서 콘텐츠를 기획하는 방향키가 됩니다. 내가 공유한 콘텐츠에 대한 반응을 확인하며 콘텐츠를 개선해 나가는 데 도움을 줄 수 있기 때문입니다. 하지만 혹시 공유한 게시물의 반응이 좋지 않더라도 실망할 필요는 없습니다. 첫술에 배부를 수 없고, 게시한 콘텐츠가 모두 높은 반응을 끌어낼 수는 없습니다. 게시한 콘텐츠의 반응성 척도를 분석, 평가하고 이 내용을 다음 콘텐츠

기획에 반영하면서 지속해서 콘텐츠를 게시하는 것이 훨씬 더 중요합니다.

퍼스널 브랜딩에서 반응성을 고민할 때 한 가지 주의할 점이 있습니다. 반응성이 높은 게시물에 대한 지나친 강박과 중독을 경계해야 합니다. 반응성 높은 콘텐츠만 만들다 보면, 어느 순간 내가 원하던 브랜드 모습과 전혀 다른 방향으로 갈 수도 있습니다. 브랜드 콘셉트를 기준으로 '관심을 받는 것'과 '사랑을 받는 것'의 차이를 생각하며 콘텐츠 기획의 방향을 계속 고민하지 않으면, 반응성이 높은 콘텐츠가 주는 결과에 취해 애초에 정한 브랜드 콘셉트와는 점점 멀어지고 팔로워들의 관심만을 쫓게 됩니다. 이렇게 되면 브랜드의 정체성이 크게 흔들리며 시간이 흐를수록 지속성도 점점 떨어지게 됩니다. 인스타그램 퍼스널 브랜딩에서 자신의 브랜드 콘셉트를 인지시키는 가장 효과적인 방법은 반응성이 높은 콘텐츠를 만드는 것 못지않게 브랜드 콘셉트에 부합하는 콘텐츠를 지속해서, 꾸준히 게시하는 것이라는 사실을 절대 잊어서는 안 됩니다.

그렇다면 브랜드 콘셉트를 유지하면서 계정을 성장시키려면 어떻게 해야 할까요? 저는 '아내를 위한 삶'이라는 콘셉트 안에서 공감받을 수 있는 콘텐츠와 사람들이 궁금해하거나 관심이 많은 정보성 콘텐츠의 비중을 9:1 정도로 유지합니다. 공감을 받을 수 있는 콘텐츠 비중이 정보성 콘텐츠보다 비중이 훨씬 높아서 '앤디파파'는 가족을 위해 열심히 살아가는 남편으로 인식되며 브랜드 정체성을 유지할 수 있습니다. 이렇게 두 가지 다른 성격의 콘텐츠 비율을 정하고 반응이 높은 콘텐츠와 공감을 받는 콘텐츠의 양을 관리하는 것이 퍼스널 브랜딩으로 성장하는 과정에서 중요합니다.

퍼스널 브랜드의 빠른 성장을 위해서 반응성이 높은 콘텐츠가 중요한 역할을 한다는 점은 부정할 수 없는 사실입니다. 따라서 자신의 브랜드가 빠르게 한 분야의 전문가로 포지셔닝 되기를 원한다면, 전문성을 바탕으로 반응을 끌어낼 수 있는 정보성 콘텐츠를 기획하여 게시하는 것이 효과적입니다. 만일 당장 정보성 콘텐츠를 만들기 어렵다면, 브랜드 콘셉트에 맞는 이벤트를 기획하여 팔로워들의 반응과 참여율을 높여가는 것도 현명한 방법이라고 생각합니다.

1.3 차별성 : 브랜드 생존력

마지막으로 '차별성'입니다. 어느 날 커피를 직접 수입해서 원두를 로스팅하여 판매하는 한 친구가 저에게 고품질 스페셜 티를 경쟁력 있는 가격으로 판매하면 차별화가 될 수 있는지 물었습니다. 그때 저는 다음과 같이 조언한 기억이 있습니다.

"경쟁력 있는 가격이 차별화가 될지는 시장에서 결정되는 것이라 내가 조언할 수는 없는 것 같아. 다만, 브랜딩 관점에서 고품질 스페셜 티가 어떻게 만들어지는지를 고객이 인지하고 공감하면, 네가 차별화 요소로 생각하는 경쟁력 있는 가격에 도움이 되지 않을까? 최근에 프렌차이즈가 아닌 이른바 브랜드로 인식되는 대규모 오프라

인 카페를 보면, 매장의 분위기와 시그니처 메뉴, 사용하는 머신 등을 디테일하게 공유하면서 고객들과 그 카페만의 유니크한 브랜드 경험을 공유하고 있어. 그러니 너도 커피숍 매장을 운영하는 분들이 네가 커피를 수입해서 로스팅하고 포장하는 전 과정에서 어떻게 해야 네 브랜드만의 차별화된 경험을 느낄지 생각해 보는 것이 좋지 않을까?"

얼마 후 친구에게 연락이 왔습니다.

"네 얘기를 듣고 고민했더니 여러 가지 디테일한 차별점이 보여! 앞으로 하나씩 콘텐츠로 만들어 인스타그램에 게시할 예정이야."

지금 이 친구는 원두를 로스팅하여 납품만 했던 것과는 다르게 카페의 인테리어, 기계설비 그리고 집기류와 원두까지 모든 서비스에서 자신만의 차별점을 찾아 콘텐츠로 만들어 사람들과 공유하고 있습니다.

여기에서 차별성에 대해 한 가지 더 강조하고 싶은 점이 있습니다. 많은 사람이 한 가지 두드러진 차별점만 있으면 차별화가 완성된다고 생각하여 단 하나의 유니크한 차별점만을 찾기 위해 노력합니다. 그런데 조금만 더 깊이 생각해보면 그렇지 않다는 것을 알 수 있습니다. 장점이 하나만 있는 사람은 없습니다. 내가 특별히 보여주고 싶고 공유하고 싶은 장점은 나의 장점 가운데 하나일 뿐입니다. 따라서 이러한 디테일한 차별점을 다양하게 모아 나만의 가치를 콘텐츠로 만들어 공유해야 사람들이 차별성을 구체적으로 인지할 수 있습니다.

퍼스널 브랜드의 차별화는 하나의 유니크한 차별점만으로 완성되는 것이 아니라, 브랜딩 과정에서 디테일한 차별점을 다양한 콘텐츠로 만들고 공유하는 과정에서 많은 시행착오를 거치며 완성되어 가는 것입니다. 퍼스널 브랜딩을 할 때 이 점을 명심해야 합니다.

Chapter 2
차별화된 콘셉트 잡기 - 브랜드 마이닝 노트

2.1 브랜드 마이닝 노트

브랜드 마이닝 노트(brand mining note)는 반복되는 일상에서 '나는 무엇을 위해 살아갈 때 가장 행복한가?'라는 질문에 답을 찾고, 이것을 브랜드 콘셉트로 구체화하는 툴입니다.

브랜드 마이닝 노트를 작성하는 목적은 '일상에서 나는 어떤 역할을 맡고 있는지 파악하고, 역할에 따른 고민을 기록하여, 이것을 통해서 자신이 중요하게 생각하는 가치를 찾아내는 것'입니다. 이 과정에서 '커리어 전문성'과 '일상의 역할' 가운데 어느 것을 브랜드 콘셉트의 시작점으로 잡을지 판단할 수 있습니다.

우리는 대부분 생활을 주 단위로 반복합니다. 직장인은 주중에는 회사에서 열심히 일하고 주말에는 휴식을 취하며, 베이커리, 네일숍, 헤어숍 같은 오프라인 숍을 운영하는 사장님은 주중에도 열심히 일하고 주말에는 더 열심히 일하면서 일주일을 보냅니다. 육아를 하는 분들은 매일 아이를 먹이고, 재우고, 씻기면서 하루 단위로 생활을 반복합니다.

브랜드 마이닝 노트는 우선 이렇게 반복되는 생활을 기록하는 것부터 시작합니다. 이를 통해 내 생각과 경험, 행동의 패턴과 흐름을 파악할 수 있고, 나를 둘러싼 환경 속에서 내 역할이 무엇인지 살펴볼 수 있습니다. 기업에 비유하자면, 회사의 역량과 인프라를 모두 확인해 보는 것과 같습니다.

브랜드 마이닝 노트는 최소 2주 동안 아침 8시부터 자정까지 수면 시간을 제외하고 하루를 1시간 단위로 기록하되 나와 상대방의 '관계 속에서' 생긴 사건을 긴 문장이 아니라 구어체로 편하게 기록하면 됩니다.

2.2 브랜드 마이닝 프로세스

처음 브랜드 마이닝 노트를 작성할 때는 무척 어색하게 느낄 것입니다. 그동안 당연하게 생각하거나 전혀 하지 않은 질문과 고민을 시작해야 하기 때문입니다.

브랜드 마이닝 노트는 자기 생각과 가치가 뒤섞여 바쁘게 돌아가고 있는 일상생활에 질문을 던져 브랜드 콘셉트를 거르는 삼각 깔때기와 비숫합니다. 다시 말해 구체적인 일상에서 출발하여 본질에서 중요한 브랜드 콘셉트와 가치를 찾아가는 것입니다.

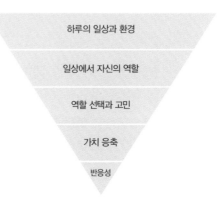

[그림 3-3] 브랜드 마이닝 프로세스

퍼스널 브랜딩의 콘셉트와 차별점을 찾기 위해서는 자신에게 스스로 질문을 던지고 몰입할 수 있는 시간이 필요합니다. 내가 어떻게 하루하루를 보내고 있는지, 그 속에서 어떤 가치를 중요하게 여기는지, 어떤 상황에서 행복을 느끼는지를 고민해서 깨닫는 과정을 겪어야만 흔들리지 않는 퍼스널 브랜딩의 방향성을 잡을 수 있습니다. 절대 자신을 탐구하는데 조급하게 생각하지 말기 바랍니다. 자신에게 맞는 브랜드 콘셉트를 찾는 것만으로도 여러분의 퍼스널 브랜딩은 99% 완성된 것이나 다름없습니다.

2.3 브랜드 마이닝 노트 사례 [1]

[표 3-1]은 브랜드 콘셉트를 잡기 위해 제가 작성한 브랜드 마이닝 노트입니다. 이 노트를 통해서 브랜드 콘셉트를 도출하는 과정을 알아보겠습니다.

먼저 그날그날 발생한 사건을 시간 단위로 기록한 다음 〈고민 포인트 찾기〉에 사건에 대한 주요한 고민을 기록하며 〈나의 환경〉에는 고민이 발생한 환경(장소)을 기록합니다.

다음은 일상 속 역할을 '앤디파파'의 브랜딩 시작점으로 잡은 중요한 고민 포인트의 예입니다.

● 하늘이가 어린이집에 가기 싫다고 하는데 왜 그럴까?

● 아내가 하늘이를 목욕시키면서 팔목이 아프다고 하네.

● 하루를 돌이켜봤을 때, 아내랑 대화할 때가 가장 즐겁고 재미있는데, 어떻게 하면 아내와 더 많은 시간을 보낼 수 있을까?

다음으로 〈나의 역할〉과 〈역할 선택〉, 〈역할 선택 이유〉는 자신이 속한 커뮤니티에서 어떤 역할을 더 중요하게 생각해야 할지 고민하도록 도와줍니다. 조금 더 객관적이고 깊이 생각해 보기 위해서는 적어도 2주일 이상 노트를 기록하며 천천히 고민하는 것이 좋습니다. 저는 처음 이 노트를 한 달 작성했을 때, 아빠와 남편으로서 고민을 많이 하는 제 모습을 발견했습니다. 그래서 〈역할 선택 이유〉를 좀 더 명확하게 정리할 수 있었습니다.

Time act	환경	역할	기록
(08:00 ~ 09:00)	집	남편	하늘이 아침 먹이고 옷 입혀서 어린이집에 등원시킴.
(09:00 ~ 10:00)	회사	브랜드디렉터	회사일, 주간 미팅 진행
(10:00 ~ 11:00)	회사	회사원	주말동안 들어온 스토어 주문건 및 특이 CS 확인
(11:00 ~ 12:00)	회사	브랜드디렉터	팀원들과 다음달 진행할 새로운 프로젝트 이야기
(12:00 ~ 13:00)	회사	회사원	점심 먹고 커피 한잔
(13:00 ~ 14:00)	회사	브랜드디렉터	파트너사 미팅
(14:00 ~ 15:00)	회사	브랜드디렉터	파트너사 미팅
(15:00 ~ 16:00)	회사	브랜드디렉터	미팅 정리 기록
(16:00 ~ 17:00)	회사	브랜드디렉터	콘텐츠 영상 리뷰
(17:00 ~ 18:00)	회사	브랜드디렉터	새로운 파트너사 미팅 잡기
(18:00 ~ 19:00)	지하철	브랜드디렉터	퇴근길에 지하철에서 사람들이 많이 보는 핸드폰 화면 관찰
(19:00 ~ 20:00)	집	남편	하늘이 저녁 먹이고 목욕시킴
(20:00 ~ 21:00)	집	남편	하늘이 잘시간이라 재움
(21:00 ~ 22:00)	집	남편	아내랑 같이 TV 보면서 수다떨음. 내년에 어린이집, 병원 치료에 대해서 이야기함
(22:00 ~ 23:00)	–	–	잠듦
(23:00 ~ 24:00)	–	–	–

*주요고민	고민 포인트 찾기	① 하늘이가 어린이집 가기 싫다고함 왜 그럴까. ② 평소 아내가 목욕시키면서 팔목이 아프다고 함 ③ 아내랑 대화할때가 가장 즐겁고 재밌는데 어떻게하면 더 많은 시간을 같이 보낼 수 있을까 ④ 파트너사의 브랜드를 한정된 예산안에서 어떻게 더 알리고 경험시킬 수 있을까

*주변환경	나의 환경	집, 회사
*역할	나의 역할	아빠, 남편, 브랜드디렉터, 사수
	역할 선택	남편&아빠
	역할 선택 이유	내가 고민한 포인트를 보니 회사에서의 역할보다 ① 아빠로서 ② 남편으로서 고민을 더 많이 하네. 그렇다면 회사 일보다 아빠로서 남편으로서 하는 일들에서 내 컨셉을 찾아봐야겠다.

*가치 찾기	가치 고민	남편으로 나는 어떤 가치를 사람들과 나눌 수 있을까, 어떠한 삶을 살아가야 할까
	가치 응축	아내를 위한 삶을 살아가는게 내가 가장 행복해하는 삶, 살아가고 싶은 삶 아닐까.

*주요 키워드	오늘의 키워드	#육아 #건강 #아이병원 #어린이집 #행복 #브랜딩 #브랜드 #미팅 #퍼스널브랜딩 #성장 #자기계발

[표 3-1] '앤디파파' 브랜드 마이닝 노트

〈가치 고민〉과 〈가치 응축〉은 '브랜드 콘셉트의 지속성' 여부를 고민하는 단계로 이 과정을 통해 같은 카테고리에 있는 다른 브랜드와 구분되는 자신만의 브랜드 콘셉트를 찾을 수 있습니다.

다소 힘들지만 이렇게 브랜드 마이닝 노트를 작성해서 잡은 브랜드 콘셉트는 퍼스널 브랜딩을 지속하는 강력한 원동력이 됩니다. 저는 브랜드 마이닝 과정을 거치면서 어떤 가치를 가장 우선하면서 살아가야 할지 남편과 아빠로서 많이 고민했습니다. 그러고 나서 가장 자신이 있는 역할과 삶의 방향을 선택했습니다.

브랜드 콘셉트의 방향을 정한 다음에 잠정적으로 생각한 자신만의 가치가 다른 사람이나 브랜드와 차별화될지 고민해야 합니다. 다음은 제가 브랜드 콘셉트의 방향을 잡은 다음에 차별화 가능성을 따져보기 위한 질문입니다.

- 남편으로 나는 어떤 가치를 사람들과 나눌 수 있을까?
- 단순히 육아에 많이 참여하는 모습만으로 다른 육아 대디와 차별화할 수 있을까?
- 내가 가치가 있다고 느끼는 것을 다른 사람들도 공감할까?
- 내가 가장 가치가 있다고 생각하는 것을 어떻게 시각적으로 표현할 수 있을까?

이런 질문을 하면서 어느 정도 차별화의 가능성에 대한 확신이 들면, 가치를 응축해서 표현하는 단계로 넘어갑니다.

- 아내와 아이들을 위한 삶을 살아가는 게 내가 가장 행복해하는 삶

의 모습이고 원하는 삶의 방향이니까 콘셉트를 '아내를 위한 삶'을 살아가는 아빠의 이야기로 해보면 좋을 것 같아.

'아내를 위한 삶'이라는 '앤디파파'의 가치 응축 표현은 이렇게 만들어졌습니다.

마지막으로 〈키워드〉에는 반응성을 확인하기 위해 브랜드 콘셉트 주제와 연관이 있는 키워드를 정리해서 기록합니다. 참고로 '앤디파파'의 '아내를 위한 삶'과 관련이 있는 키워드를 정리했더니 다음과 같았습니다.

#육아 #건강 #아이병원 #어린이집 #행복 #신혼부부 #초보아빠
#브랜딩 #브랜드 #성장 #퍼스널브랜딩 #자기계발 etc.

관련 키워드를 인스타그램이나 포털 사이트에서 검색하면, 앞으로 자신이 활동할 카테고리가 무엇인지, 사람들은 어떤 키워드에 더 많이 반응하는지, 어떤 콘텐츠로 소통하고 있는지 등을 미리 확인할 수 있습니다. 퍼스널 브랜딩에서 '반응성'은 수익화로 직결되기 때문에 내가 선택한 카테고리의 시장 크기와 활성화 정도를 꼭 확인해야 합니다.

지금까지 '브랜드 마이닝 노트'에 관하여 '앤디파파'의 예를 통해서 설명했습니다. 저는 '브랜드 마이닝 노트'의 기록을 통해 '아내를 위한 삶'이라는 가치를 찾았습니다. 이 가치를 위해 살아가는 삶이 저에게는 가장 의미 있는 삶이었고 앞으로도 의미 있는 삶이 될 것이라는 사실을 알게 되었습니다. 그리고 이것이 '앤디파파'라는 퍼스널 브랜드의 핵심 콘셉트가 되었습니다.

2.4 브랜드 마이닝 노트 사례 (2)

'앤디파파'와는 다르게 수익성과 전문성을 중심으로 활동하는 '백곰삼촌'의 예를 소개하겠습니다. ([표 1-4] 참고) '백곰삼촌'은 '행복을 전하는 장난감 가게 아저씨'라는 브랜드 콘셉트로 장난감 콘텐츠 분야에서 가장 활발하게 활동하는 퍼스널 브랜드입니다.

의료, 건강, 보험, 마케터, 강사, 라이브 커머스 MC, 메이크업 아티스트, 디자이너, 콘텐츠 제작자, 네일숍, 헤어숍, 반찬가게, 음식점, 숙박업소, 공방, 카페, 성우, 직장인 등도 당연히 커리어나 전문성을 중심으로 나만의 브랜드 콘셉트를 발견할 수 있습니다. 그렇더라도 브랜드 콘셉트를 잡을 때 자신만의 차별화된 가치가 무엇인지를 '백곰삼촌'처럼 '브랜딩 마이닝 노트'를 통해서 찾을 필요가 있습니다. 경쟁이 심할수록 이것을 견디고 이길 수 있는 것은 기능과 같은 방법이 아니라 가치입니다. 가치를 브랜딩의 중심에 둘 때 지속적인 경쟁력이 생긴다는 것을 잊지 말아야 합니다.

여러분도 '백곰삼촌'의 예를 참고하여 전문성 커리어에 대한 브랜드 콘셉트를 새롭게 발견해 보기 바랍니다.

_ 고객 중심의 고민 _

- 장난감을 좋아하는 어른을 위한 콘텐츠를 만들 수는 없을까?
- 라이브 커머스의 매출을 계속해서 유지할 수 있는 가장 좋은 방법은 무엇일까?

@david_baekgom			
Time act	환경	역할	기록
(08:00 ~ 09:00)	집	남편	아이 등교 시키기
(09:00 ~ 10:00)	회사	크리에이티브 디렉터	주간 미팅 진행
(10:00 ~ 11:00)	회사	크리에이티브 디렉터	금주 콘텐츠 제작 라이브 일정 확인
(11:00 ~ 12:00)	회사	크리에이티브 디렉터	콘텐츠 기획, 콘티 제작 및 영상 편집
(12:00 ~ 13:00)	회사	회사원	식사시간
(13:00 ~ 14:00)	회사	크리에이티브 디렉터	네이버 쇼핑라이브 사전 리허설
(14:00 ~ 15:00)	회사	크리에이티브 디렉터	추가 콘티 제작 및 수정
(15:00 ~ 16:00)	회사	크리에이티브 디렉터	파트너사 브랜드 제품 리뷰 및 확인
(16:00 ~ 17:00)	회사	크리에이티브 디렉터	파트너사 브랜드 제품 리뷰 및 확인
(17:00 ~ 18:00)	회사	크리에이티브 디렉터	콘텐츠 아이디어 회의
(18:00 ~ 19:00)	회사	크리에이티브 디렉터	휴식
(19:00 ~ 20:00)	회사	라이브 커머스 진행자	네이버 쇼핑라이브 진행
(20:00 ~ 21:00)	집	아빠	아이 숙제 봐주기
(21:00 ~ 22:00)	집	아빠	아이랑 같이 책 보다 잠들기
(22:00 ~ 23:00)	–	–	
(23:00 ~ 24:00)	–	–	

*주요고민	고민 포인트 찾기	① 장난감을 좋아하는 콘텐츠는 왜 아이들만 봐야할까, 어른들이 볼 수 있도록 기획 할 수 있지 않을까 ② 리뷰를 보면 라이브를 통해 많이 구매하는 것 같은데 왜 매출이 꾸준히 지속되지 않을까, 제품 라인업 별로 인기도가 달라서일까 ③ 파트너사의 제품들을 어떻게 하면 더 매력적으로 영상에 담을 수 있을까 ④ 라이브할때 가격도 최저가로 맞춰야 하지만, 어떻게 하면 라이브 자체를 사람들이 즐거운 방송처럼 즐기게 할 수 있을까
*주변환경	나의 환경	집, 회사
*역할	나의 역할	크리에이티브 디렉터, 라이브커머스 진행자
	역할 선택	크리에이티브 디렉터
	역할 선택 이유	대부분의 내 고민은 회사에서 내 역할에 대한 것들이 많음. 나를 만나는 많은 사람들이 어떻게 반응할지를 예상하고 기획하는 일에 몰입하면 시간 가는 줄 모르고 일을 하고 있음
*가치 찾기	가치 고민	크리에이티브 디렉터로, 장난감을 좋아하는 사람들에게 어떤 인식을 심어줘야 차별화된 캐릭터로 활동을 이어갈 수 있을까
	가치 응축	장난감은 아이 어른 할 것 없이 모두를 행복하게 만들어주니까, 나를 만나는 사람들에게 행복을 전해주기 위해 노력하는게 최선이지 않을까
*주요 키워드	오늘의 키워드	#장난감 #크리에이터 #회사 #스타트업 #유튜브 #인스타그램 #장난감리뷰 #라이브커머스 #콘텐츠커머스 #장난감이벤트

[표 3-2] '백곰삼촌' 브랜드 마이닝 노트

- 파트너사의 브랜드 영상을 어떻게 하면 더 매력적으로 만들 수 있을까?
- 어떻게 하면 고객들이 라이브 커머스를 구매 수단이 아니라, 소통 수단으로 생각하게 할 수 있을까?

_ 가치 고민: 내가 생각하는 가치에 대해 질문하기 _

- 대부분 크리에이터 관점에서만 고민하고 있음.
- 사람들에게 어떤 인식을 심어줄 수 있을까? 내가 고객들과 공유할 수 있는 최고의 가치는 무엇일까?

_ 가치를 응축해서 표현하기_

- 장난감은 아이 어른 할 것 없이 모두 행복하게 만들어주니까, 온 오프라인에서 나를 만나는 사람들에게 행복을 전해주기 위해 노력하는 게, 내가 할 수 있는 최선이 아닐까? 행복 전달, 이게 내 활동을 가장 잘 유지해 줄 수 있는 핵심 가치인 것 같음.

이런 과정을 거쳐 브랜드의 콘셉트를 '행복을 전하는 장난감 가게 아저씨'로 정리하였습니다.

_ <오늘의 키워드>로 미리 반응성 확인하기 _

#장난감 #크리에이터 #회사 #스타트업 #콘텐츠커머스 #유튜브

#장난감리뷰 #라이브커머스 #쇼핑라이브 #장난감이벤트

Chapter 3
퍼스널 브랜딩 목표 잡기 - 목표 마이닝

앞에서 JYP 박진영 대표의 인터뷰 기사를 인용하여 설명했듯이 퍼스널 브랜딩을 지속하려면 자신만의 꿈과 비전이 있어야 합니다. 퍼스널 브랜딩이란 자신의 꿈과 비전을 이루기 위해 부단히 노력하는 모습, 즉 자신만의 꿈과 비전을 만들어 가는 과정에서 의미 있는 콘텐츠를 사람들과 공유할 때 비로소 공감을 받고 성장해 나갈 수 있습니다.

성공하는 퍼스널 브랜드의 꿈과 비전은 장기와 중기, 단기로 나누어 단계적인 목표로 설정해야 합니다. 목표를 단계적으로 설정해야 자신만의 소중한 꿈과 비전을 이루기 위해 퍼스널 브랜딩 활동을 지속할 수 있습니다.

목표는 되도록 숫자로 측정할 수 있도록 잡아야 합니다. 나아가 목표는 현실적으로 도전해서 달성할 수 있어야 합니다. 그래야 목표를 달성하면서 성취감을 느끼게 됩니다. 만약 목표가 측정할 수 없고 현실성이 없다면, 성취감을 경험할 수 없어서 퍼스널 브랜딩을 지속하게 하는 중요한 요소인 동기를 잃을 수 있습니다.

퍼스널 브랜딩에서 목표란 자신의 성장 스토리와도 같습니다. 퍼스널 브랜딩이 라이프 브랜딩과 닮은 이유가 바로, 이 때문입니다. 내가 성장해 갈 스토리를 미리 상상해보고 퍼스널 브랜딩을 통해서 이를 이루기 위한 단계적 목표를 세워 마침내 내가 원하는 라이프 스타일로 살도록 도와주는 과정이 '목표 마이닝'입니다. '목표 마이닝'은 현실성이 있고 측정할 수 있는 목표를 설정하여 퍼스널 브랜딩 과정에서 크고 작은 성공의 경험을 쌓도록 도와줄 것입니다.

3.1 목표 잡기의 첫 단계 : SWOT 분석([표 3-3] 참조)

원래 SWOT 분석은 미국의 경영컨설턴트 앨버트 험프리(Albert Humphrey)가 처음 고안한 방법입니다. SWOT 분석은 기업이나 개인이 목표를 설정할 때 자신의 강점, 약점, 기회 요소, 위협 요소를 파악하고 이를 토대로 효과적인 성장 전략을 세우는 툴입니다. 퍼스널 브랜딩에서도 SWOT 분석을 이용하여 나만의 목표와 과제를 설정할 수 있습니다. 제가 '앤디파파'로 퍼스널 브랜딩을 처음 시작할 때 했던 예를 통해서 SWOT 분석으로 퍼스널 브랜딩의 단계별 목표를 설정하는 과정을 알아보겠습니다.

Strength(나의 강점)	Weakness(나의 약점)
• 학구열이 높음, 계속해서 배우려고 하는 자세 • 자기조절을 잘함, 자제력이 있음 • 신중하고 끈기가 있음, 한번 시작하면 꾸준함 • 관찰력이 좋다 • 새로운 것을 발견하고 시도해 보는 것을 좋아한다 • 계획적인 성격	• 지나치게 겸손하다 • 다른 사람의 의견에 매우 민감하다 • 감정을 억누르고 쌓아둔다 • 변화를 꺼린다 • 너무 바쁘다 • 내가 관심있는 것만 살펴본다 • 걱정이 많다
Opportunity(외부 기회 요소)	Threat(외부 위험 요소)
• 퍼스널 브랜드 인식 확대 • 자기계발의 시대가 본격 시작됨 • 인플루언서 비즈니스 시장의 성장 • 육아관련 정책이 계속해서 발표됨 • 새로운 성장 이야기를 담은 자기 계발 시장의 확대 • 분야 전문가의 출판 기회도 많아짐	• 퍼스널 브랜딩 과정에서 부정적인 이미지가 생길 수 있음 • 인스타그램 서비스중단 • 신생아 감소 • 마케팅 경쟁으로 피로도 증가 • 나와 같은 콘셉트의 퍼스널 브랜드의 등장 • 아이들의 성장에 따른 육아 콘텐츠의 설득력 저하 • 유행이 빠르게 변하는 인플루언서 시장

[표 3-3] '앤디파파'의 SWOT 분석

_ 나의 강점과 약점 정리하기 _

먼저 나의 강점과 약점을 정리합니다. 자신의 강점과 약점은 스스로 고민하는 것도 좋지만 MBTI나 VIA Survey 등을 이용하면 많은 도움이 됩니다. MBTI는 '선호도'를 중심으로 성격을 유형별로 분류해주는 검사라면, VIA Survey는 '성격의 강점'을 파악하는 테스트입니다. 특히 VIA Survey는 '사랑하고 사랑받는 능력', '학구열', '낙관성과 미래지향주의', '비판적 사고, 개방성' 등 총 24가지의 테스트 결과 항목을 간단한 부연 설명과 함께 제공하기 때문에, 좀 더 객관적으로 자신의 강점과 약점을 파악할 수 있습니다. 다만 퍼스널 브랜드로 성장하는 데는 성격이나 개인적인 특성보다는 목표를 달성하기 위한 노력이 더 중요하기 때문에, 이것을 파악하는데 너무 큰 에너지를 쏟을 필요는 없습니다.

_ 외부적인 기회 요소와 위험 요소 정리하기 _

자신의 강점과 약점을 정리한 다음에는 퍼스널 브랜딩 활동 과정에서 자신이 기대하는 것과 외부에서 주어지는 기회 요소가 무엇인지를 정리합니다. 예를 들어 원하는 브랜드와 콜라보 진행, 사업 확장, 자기 계발 시장의 확대와 같이 예상할 수 있는 기회 요소를 나열해 봅니다. 이때 내가 닮고 싶어 하는 퍼스널 브랜드의 성장 과정을 참고하는 것도 좋은 방법입니다. 내가 닮고 싶은 퍼스널 브랜드의 성장 과정을 시간 순서로 기록해 보면 그 브랜드가 어떤 과정을 거쳐 왔는지 파악할 수 있고, 그 과정에서 기회 요소가 무엇이었는지를 정리해 볼 수도 있습니다.

외부 기회 요소를 정리했다면, 외부 환경 변화로 인한 위험 요소를 찾아서 정리합니다. 예를 들어 코로나와 같은 전염병으로 인한 외식 인구 감소나 외출 인구 감소, 경쟁 심화로 수익 감소, 같은 콘셉트의 퍼스널 브랜드 등장 등과 같이 예상할 수 있는 위험 요소를 기록합니다. 이때 퍼스널 브랜딩 과정에서 예상되는 위험 요소를 피하려면 되도록 '외부로부터의 위험 요소'를 좀 더 폭넓게 생각해 봐야 합니다.

3.2 목표 잡기의 두 번째 단계 : 교차 분석 ([표 3-4] 참조)

SWOT 분석으로 나의 강점과 약점, 기회 요소와 위험 요소를 정리한
다음에 각 항목을 교차 분석하여 아래 표와 같이 퍼스널 브랜딩의 4가
지 전략으로 정리합니다.

(SO) 나만의 강점을 활용하여 기회를 잡는 공격적인 전략	(WO) 내가가진 약점을 극복하면서 기회의 이점을 살리는 전략
• 퍼스널 브랜딩을 계속 공부하고 발전시켜 책을 출판할 수 있음 • 관찰력이 좋아서 사람들의 니즈를 잘 파악해서 추가된 육아 관련 정책을 콘텐츠로 기획할 수 있음 • 퍼스널 브랜드로 성장하는 과정을 잘 정리할 수 있음	• 퍼스널 브랜딩에 대한 인식이 커지고 있으므로 조금 더 적극적으로 나를 드러내는 브랜딩을 할 필요가 있음 • 자기계발의 시대에 다른 사람의 생각보다는 나만의 경험을 전달할 수 있도록 노력하기 • 육아 관련 정책이 계속 발표되므로 바쁘더라도 꼭 찾아서 미리 미리 콘텐츠로 기획할 수 있게 내용을 정리하기
(ST) 나의 강점을 활용하여 위험을 피하는 전략	**(WT)** 나의 약점을 최소화하여 위험을 피하는 방어적 전략
• 적절한 절제로 정도가 지나친 콘텐츠는 공유하지 않는다 • 인스타그램 서비스 중단을 염두에 두고 다른 채널에서도 퍼스널 브랜딩을 할 수 있는 방법을 찾는다 • 빠르게 유행이 변하지만, 정도를 걸으며 흔들리지 않고 계속해서 성장한다 • 기존의 마케팅 방법과 경쟁하지 않고 새로운 방법을 찾는 노력을 게을리하지 않는다	• 육아 가정의 감소로 다른 콘텐츠로 변화해야 할 시기가 온다고 하더라도 변화를 두려워하면 안 됨 • 내가 관심이 있는 것만 살펴보지 않고 새롭게 만들어지는 시장과 키워드 조사를 꾸준히 해야 함

[표 3-4] 교차 분석으로 정리한 '앤디파파'의 퍼스널 브랜딩 4가지 전략

저는 교차 분석 결과를 토대로 SO는 '단계별 우선 목표'로, WO는 '리스크 해결 목표'로, WT는 '장기적으로 보완할 목표'로 나누어 퍼스널 브랜딩 과정에 적용했습니다. ST는 목표라기보다는 제가 퍼스널 브랜딩을 포기하지 않는다면 그 과정에서 자연스럽게 극복할 수 있는 문제라고 생각했습니다. 이렇게 해서 저는 '앤디파파'의 단계적 목표를 다음과 같이 좀 더 분명하게 정리할 수 있었습니다.

◎ '앤디파파'의 SO – 단계별 우선 목표

● 퍼스널 브랜딩을 계속 공부하고 발전시켜서 책으로 출판하기

● 사람들의 니즈를 파악하고 육아와 관련한 정책을 콘텐츠로 기획하기

◎ '앤디파파'의 WO – 리스크 해결 목표

● 퍼스널 브랜딩에 대한 인식이 확대되고 있음. 나의 퍼스널 브랜딩 활동에 관해 좀 더 전문성을 확대하고 강화할 필요가 있음

● 인플루언서 비즈니스의 시장이 확대되고 있음. 내가 관심 있는 것뿐 아니라 다양한 사례를 연구할 필요가 있음

● 육아 관련 정책이 계속해서 발표되고 있음. 아무리 바쁘더라도 육아 관련 정책을 꼭 확인하고 미리미리 콘텐츠로 기획할 수 있게 내용을 정리할 필요가 있음

◎ '앤디파파'의 WT – 장기 보완 목표

● 육아 가정의 감소로 콘텐츠 변화의 시기가 올 수도 있음. 이러한 변화를 부단히 주목해야 함

● 내가 관심 있는 것뿐 아니라 새롭게 만들어지는 시장과 키워드 조사도 꾸준히 해야 함.

3.3 목표 잡기의 세 번째 단계
: 장기, 중기, 단기 목표 ([표 3-5] 참조)

'단계별 우선 목표', '리스크 해결 목표', '장기 보완 목표'를 정리한 다음에 마지막으로 브랜드 콘셉트와 SWOT 분석, 교차 분석 결과를 종합하여 구체적인 단기 목표, 중기 목표, 장기 목표를 정리해야 합니다. 즉, 브랜딩의 활동을 통해서 달성해야 할 구체적인 목표를 분명히 하는 것입니다.

목표와 관련하여 한 가지 덧붙이자면, 인스타그램 퍼스널 브랜딩의 핵심 활동은 퍼스널 브랜딩에서 단기, 중기, 장기 목표 달성 과정을 콘텐츠로 기획하여 팔로워들과 하나하나 공유하는 것입니다. 이런 의미에서 '과정이 결과보다 중요하다'라는 말은 퍼스널 브랜딩 활동에서 우리가 반드시 새겨야 할 말입니다.

'앤디파파'는 매달 아이들을 위해 '#대한한부모협회(@god_dodam)'에 기부하는 모습이나 육아와 관련된 정보성 콘텐츠와 같은 단기 목표 달성 과정을 콘텐츠로 기획하여 팔로워들과 적극적으로 공유하면서 많은 분의 응원과 격려를 받고 있습니다. 중기 목표는 단기 목표와 다르게 몇 개월 만에 달성할 수 있는 목표가 아닙니다. 하지만 긴 시간 꾸준히 중기 목표를 향해 노력하는 모습을 '루틴 콘텐츠'로 만들어 공유함으로써 브랜드 가치를 담고 있는 콘텐츠도 확보하고 팔로워들과 단단한 신뢰 관계도 만들 수 있습니다.

팔로워들은 퍼스널 브랜드의 목표 달성 과정을 응원할 뿐만 아니라 이것을 지켜보면서 스스로 간접 경험을 하면서 함께 성장합니다. 따라서 여러분도 주저하지 말고 단기, 중기, 장기 목표를 이루기 위해 열심히 노력하는 자기 모습을 콘텐츠로 기획하여 적극적으로 팔로워들과 공유하기를 바랍니다. 퍼스널 브랜딩에서 브랜드 스토리란 명확한 목적과 목표를 가지고 성장하는 과정에서 만드는 나만의 특별한 이야기라는 점을 잊지 말기 바랍니다.

목표

단기 목표		중기 목표	
(인스타그램 목표)		(인스타그램 외 목표)	
• 매주 4개 이상 포스팅 할 수 있는 콘텐츠 다양성 확보 • 매년 팔로워 3,000명 성장 • 공동구매 회당 매출 1,000만원 달성 • 매주 1회 정보성 콘텐츠 기획		• 인스타그램 퍼스널 브랜딩 전자책 쓰기 • 인스타그램 퍼스널 브랜딩 책 출판하기 • 퍼스널 브랜딩 관련 두 번째 책 준비하기 • 강의와 강연으로 1년에 천명 이상 만나기 • 유튜브 채널 구독자 만명 달성하기	
SWOT		장기 목표	
		(원하는 라이프 스타일 & 최종 모습)	
S	W	• 가족과 더 많은 시간을 보낼 수 있는 삶 • 경제활동에서 시간 배분의 주도권이 있는 삶 • 정기적으로 아이들을 후원하는 삶 • 책을 출판하고, 책으로 사람을 만나는 삶	
O	T		

시작점 ⟶ 시간

[표 3-5] '앤디파파'의 목표 마이닝 노트

_ 장기 목표 : 내가 원하는 라이프 스타일 & 최종 모습 _

퍼스널 브랜딩에서 장기 목표란 자신이 살고 싶은 이상적인 삶의 모습과 라이프 스타일입니다. 퍼스널 브랜딩을 할 때 이렇게 장기 목표부터 생각해야 하는 이유는 도달하고 싶은 꿈과 비전, 그것을 이루기 위한 동기가 있을 때 퍼스널 브랜딩 활동을 지속할 수 있기 때문입니다.

'앤디파파'는 브랜드 콘셉트를 탐구하고 고민하면서 '아내를 위한 삶'이라는 명확한 가치를 꿈과 비전으로 설정했습니다. 이를 위해서 가족과 더 많은 시간을 보내고, 책을 쓰고 지식과 경험을 공유하는 삶을 살아가는 것과 경제활동에서도 저에게 시간 분배의 주도권이 있는 삶을 장기 목표로 잡았습니다.

_ 중기 목표 : 인스타그램 외 목표 세우기 _

퍼스널 브랜딩은 인스타그램에서 끝나는 것이 아닙니다. 인스타그램은 퍼스널 브랜딩의 첫 단계일 뿐입니다. 퍼스널 브랜딩은 인스타그램의 성과를 토대로 장기 목표를 향하여 지속해서 성장하고 발전해야 하므로 중기 목표가 필요합니다. 중기 목표는 바로 퍼스널 브랜딩에서 현재 활동하고 있는 인스타그램을 넘어 장기 목표를 향해 가는 과정에서 달성해야 할 중간 목표입니다.

예를 들어 저는 SWOT 분석으로 발견한 우선 달성 목표인 도서 출간을 중기 목표로 잡았습니다. 장기 목표인 작가로 사는 삶을 위한 기본 토대가 되는 '책을 출판'하는 것입니다. 저는 이 목표를 달성하기 위해 목표를 두 단계의 목표로 다시 나누었습니다. 처음부터 책을 출판하는 것이 현실적으로 어려워서 1단계 목표는 100쪽 분량의 전자책을 만들어 시장성을 확인하는 것이었고, 2단계 목표는 전자책 출간 결과를 토대로 출판사에 투고하여 출판 계약을 하는 것이었습니다. 이 목표를 달성하는 기간은 3년으로 잡았습니다. 실제 이 목표를 달성하기 위해 3년 동안 열심히 노력하여 전자책을 출간했고 이렇게 책으로 출간하게 되었습니다.

_ 단기 목표 : 인스타그램 성장 계획 세우기 _

단기 목표는 퍼스널 브랜딩의 첫 단계 목표입니다. 단기 목표는 되도록 데이터로 측정할 수 있어야 하고 현실적으로 어느 정도 노력한다면 달성할 수 있어야 합니다. 인스타그램 퍼스널 브랜딩에서는 당연히 단기 목표는 인스타그램에서 퍼스널 브랜드 계정을 어떻게 성장시킬지 측정할 수 있도록 숫자로 잡아야 합니다.

예를 들어 저는 단기 목표로 매년 3,000명씩 팔로워가 늘어날 수 있도록 노력할 것, 공동구매 1회 매출 1,000만 원을 달성해 성공 모델을 만들 것, 정보성 콘텐츠를 매주 1개씩 공유해 나갈 것으로 잡았습니다.

데이터로 브랜드 주제와 타깃 설정하기

4.1 인스타그램 검색어 데이터 활용하기

우리는 흔히 경쟁자가 포화가 된 시장을 레드오션(Red Ocean), 경쟁이 덜한 시장을 블루오션(Blue ocean)이라고 합니다. 인스타그램은 국내 월 활성 사용자가 약 천구백만 명 정도로 2022년에 SNS와 커뮤니티 앱 부문 1위 플랫폼으로 자리 잡았습니다.

인스타그램에는 매일 엄청나게 많은 콘텐츠가 게시되기 때문에, 수많은 콘텐츠와 경쟁해야 하는 퍼스널 브랜딩 관점에서는 인스타그램이 레드오션처럼 보일 수도 있지만, 인스타그램 안에 있는 1,000개가 넘는 카테고리로 나누어 보면, 그리 경쟁이 심하다고 말할 수는 없습니다. 하지만 인스타그램도 콘텐츠의 수요와 공급의 원리가 작동하기 때문에 브랜드 주제의 활성화 가능성, 즉, 자신의 브랜드 주제로 소통할 수 있는 사람이 얼마나 되는지 미리 확인할 필요가 있습니다.

먼저 인스타그램에서 검색어의 활성도를 나타내는 '1일 평균 게시물 수'로 콘셉트의 활성화 가능성을 확인하는 방법을 알아보겠습니다.

인스타그램에서 '앤디파파'가 활동하는 카테고리인 육아를 '#육아'로 검색하면 연관 검색어로 '#육아소통, #육아, #육아맞팔…' 등이 나옵니다. 각 검색어를 누르면 해당 검색어의 게시물 수를 확인할 수 있는데, '#육아' 4,404만 개, '#육아스타그램' 4,245만 개, '#육아소통' 4,010만 개…, 순으로 게시물 수가 많습니다. (여기서 게시물 수는 인스타그램이 국내에 서비스를 처음 시작한 2010년 10월 6일부터 현재까지의 총게시물 수입니다)

연관 검색어 게시물 수를 확인한 다음 1일 평균 게시물 수를 계산합니다. 먼저 네이버의 '디데이 계산기'를 이용하여 인스타그램이 국내에 서비스를 시작한 2010년 10월 6일부터 현재까지 일 수를 계산합니다. 만일 현재 날짜를 2023년 4월 1일로 가정하여 계산하면 4,561일이 나옵니다.

'1일 평균 게시물 수 = 게시물 수 ÷ 일 수'이므로, 이 식을 이용하여 '#육아'의 1일 평균 게시물 수를 계산하면 9,760개 정도입니다. 즉, '#육아'는 하루에 약 1만 개의 게시물이 올라오는 아주 활발한 검색어라는 것을 알 수 있습니다. (나머지 연관 검색어도 1일 평균 게시물 수를 계산하여 〈데이터 마이닝〉 시트로 만들어 정기적으로 검색어의 흐름을 파악할 필요가 있습니다.

검색어	2023년 4월 1일		
	게시물 수	날짜 수	1일 평균 게시물 수
육아	45,120,000	4,561	9,893
육아스타그램	43,480,000	4,561	9,533
육아 소통	41,310,000	4,561	9,057
…	…	…	…
…	…	…	…

[표 3-6] '#육아' 데이터 마이닝 시트

인스타그램에서 퍼스널 브랜딩을 처음 시작할 때는 1일 평균 게시물 수가 500~1,000개 이상인 검색어 주제에 우선 집중할 필요가 있습니다. 1일 평균 게시물 수가 500개 미만인 검색어는 활성도가 너무 낮기 때문입니다.

자신의 브랜드 주제와 관련이 있는 다른 카테고리의 검색어도 함께 확인할 필요가 있습니다. 저 또한 여러 카테고리 검색어의 활성화 정도를 분석하여 다음과 같이 우선순위를 정해 브랜딩을 진행하고 있습니다.

- **1순위 :** 육아
- **2순위 :** 퍼스널 브랜딩
- **3순위 :** 자기계발

각 검색어의 인기 콘텐츠도 반드시 확인해야 합니다. 이를 통해 공감도가 높거나 서로 겹치는 콘텐츠를 자신의 콘텐츠 기획에 적용하면 더욱 빠르게 브랜드를 성장시킬 수 있습니다.

4.2 네이버와 카카오 검색어 데이터 활용하기

'네이버 데이터랩'과 '카카오 데이터트랜드', '네이버 광고'에서 제공하는 데이터를 통해서 검색어에 대한 성별과 나이, 지역 등에 관한 정보를 토대로 브랜드 타깃을 알아볼 수 있습니다. 방법은 다음과 같습니다.

① 타깃 분석을 위한 검색어와 연관 검색어 정리

   검색어 : 예 육아, 퍼스널 브랜딩, 자기계발

② '네이버 데이터랩' 서비스

   '네이버 데이터랩' 서비스의 '검색어 트렌드'에 필요한 조건을 입력하면 결과가 다음과 같이 나타납니다.

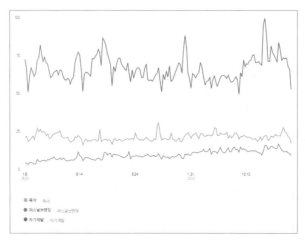

[그림 3-4] 네이버 데이터랩 [검색어 트렌드] 데이터 그래프

③ '카카오 데이터트랜드' 서비스

'카카오 검색어트랜드' 서비스의 '검색어 인사이트' 메뉴에 필요한 조건을 입력하면 결과가 다음과 같이 나타납니다.

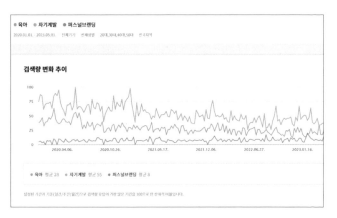

[그림 3-5] 카카오 데이터트렌드 데이터 그래프

④ '네이버 검색광고' 서비스

※ '네이버 검색광고'의 '광고 시스템' 메뉴는 회원 가입을 해야 사용할 수 있습니다.

※ '네이버 검색광고' 데이터 확인하기 : [네이버 검색광고]에서 '검색 시스템' 선택 → '도구' 선택 → '키워드 도구' 선택 → 검색어 입력 칸에 '검색어 입력' → '조회하기' 선택 → '연관 검색어' 선택

'네이버 검색광고' 서비스의 [광고 시스템] 메뉴에 필요한 조건을 입력하면 결과가 다음과 같이 나타납니다.

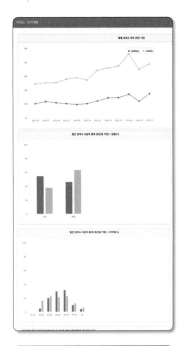

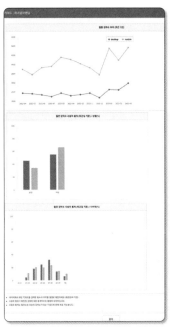

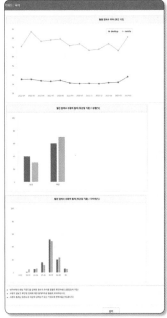

[그림 3-6] 네이버 [광고 시스템] 검색어
데이터 분석 결과

⑤ 위 세 가지 데이터 결과를 종합적으로 분석하고 평가한 내용을 정리합니다.

● 모바일에서는 모든 검색어에서 여성이 남성보다 관심이 높다.

● '육아'에는 30대와 40대가 관심이 높다.

● 전문성과 관련된 '자기계발', '퍼스널 브랜딩'에는 20대와 30대의 관심이 높다.

● '퍼스널 브랜딩'에 대한 관심도 꾸준히 증가하고 있다.

⑥ 정리한 내용을 토대로 퍼스널 브랜딩의 타깃을 정리합니다.

● 타깃 : 육아를 하는 30대 여성

HASHTAG **LAB**

미디언스랩(MIDIENCE LAB)에서 제공하는 '해시태그 랩' 서비스를 이용하면, 인스타그램에 사용되는 검색어에 관하여 다음과 같은 유용한 데이터 분석 정보를 확인할 수 있습니다.

① 검색어의 게시물 수

② 검색어의 평균 '좋아요' 수와 '댓글' 수, '점유 시간'

③ 검색어의 인기 게시글

④ 검색어의 월간 경쟁률

⑤ 검색어와 함께 사용할 때 노출이 잘되는 연관 검색어

⑥ 검색어와 함께 사용할 때 반응이 좋은 연관 검색어

⑦ 검색어와 연관성 정도에 따른 연관 검색어 트리

자신의 퍼스널 브랜딩 주제와 관련된 연관 검색어나 콘텐츠의 기획 방향을 찾는데 이러한 검색어 데이터 분석 결과는 아주 좋은 가이드가 됩니다.

행복을 전하는 장난감 가게 아저씨
'백곰삼촌'

Q_ '백곰삼촌'은 퍼스널 브랜드로 활동하기 전에는 어떤 일을 했나요?

장난감 콘텐츠 사업을 하기 전에는 건축사무소에서 직장생활을 하던 평범한 아빠였습니다. 회사를 나와 회사 대표로 팀원들과 함께 일하게 될 줄은 정말 꿈에도 상상하지 못했습니다.

Q_ 인스타그램으로 퍼스널 브랜딩을 하게 된 특별한 계기가 있나요?

제가 처음 장난감 콘텐츠를 만들 때만 해도 이미 많은 크리에이터분들이 유튜브에서 장난감 리뷰어로 활발하게 활동하고 있었습니다. 후발주자였기 때문에 이미 자리를 잡고 있던 대형 채널들과 경쟁하는 것이 힘들지 않을까 하는 고민을 하고 있을 때 눈에 띈 것이 인스타그램이었습니다. 처음부터 인스타그램으로 제 브랜드를 키워야겠다고 생각한 것은 아닙니다.

Q_ '백곰삼촌'이라는 브랜드 이름에 담긴 브랜드 철학과 콘셉트가 궁금합니다.

'백곰'이라는 단어는 저에게 친숙한 별명이었습니다. 어릴 때부터 큰 키와 하얀 피부로 백곰이라는 별명으로 불렸습니다. 그리고 '삼촌'은 조금 더 사람들에게 친숙하게 다가가기 위해 붙였습니다.

'백곰삼촌'이라는 브랜드가 지금처럼 성장한 이유는 '행복을 전하는 장난감 가게 아저씨'라는 명확한 브랜드 콘셉트가 있었기 때문입니다. '앤디파파' 님이 브랜드 콘셉트에 대한 개념을 알려준 덕분에 '백곰삼촌'이라는 퍼스널 브랜드가 지향점을 갖게 되었습니다. 이전에는 어떻게 하면 장난감을 더 잘 보여주고 잘 설명할 수 있을까만 고민했는데, 브랜드 콘셉트를 고민하고 나서부터는 장난감을 통해서 아이들에게 행복을 전하는 콘텐츠를 만들기 위해 고민하게 되었습니다.

만약 저 자신을 그냥 장난감 크리에이터나 장난감 인플루언서로 정의했다면, 지금처럼 장난감 리뷰나 공동구매, 콘텐츠 제작, 오프라인 모임과 같은 다양한 활동을 하면서 '행복'이라는 가치를 담은 일관된 메시지와 콘텐츠로 소통하지 못했을 것입니다.

저는 지금 국내 1호 장난감 전문 라이브 커머스 진행자로 활동하면서 판매자의 입장이 되기도 합니다. 하지만 브랜드 콘셉트 덕분에 단지 어떻게 하면 장난감을 더 많이 팔 수 있을까를 고민하는 게 아니라, 장난감을 구매하는 분들께 '어떻게 하면 행복을 전할 수 있을까'라는 질문을 던지고 답을 찾기 위해 노력하고 있습니다.

이렇게 고객들이 저를 통해 느끼는 '행복'이라는 가치를 소중하게 생각하면서 지난 2년 동안 200회가 넘게 꾸준히 라이브 방송을 진행해 왔습니다. 이런 노력 덕택에 지난번 라이브 방송에서는 1시간 동안 방송 매출 7,000만 원을 기록할 수 있었습니다.

Q_ '백곰삼촌'이라는 브랜드가 많은 사람에게 사랑받는 이유는 무엇일까요?

저처럼 판매를 중심으로 활동하는 퍼스널 브랜드는 가치를 전달하는 게 쉽지 않습니다. '앤디파파' 님이 가치 콘텐츠와 판매 콘텐츠의 적절한 비율을 조언한 것이 큰 도움이 되었습니다.

신뢰받는 퍼스널 브랜드가 되기 위해서는 일관된 메시지를 꾸준히 전달하면서 팔로워분들과 소통하는 것이 정말 중요하다고 생각합니다.

이 일을 시작할 때부터 지금까지 꾸준히 장난감이 필요한 단체에 기부하고 있습니다. 처음에는 외부에 알리지 않고 우리 팀원끼리만 했는데, '앤디파파' 님의 조언을 듣고 장난감을 전달하는 모습을 인스타그램에서 팔로워들과 공유하기 시작했습니다. 그때 처음으로 많은 분이 응원의 메시지와 함께 댓글도 달아주었습니다. 심지어 어떤 분들은 함께 참여하고 싶다고 디엠(DM)도 보내주셨습니다. 돌이켜보면 기부 활동을 꾸준히 하는 것도 장난감을 통해 '행복을 전하는' 또 다른 방법이었다고 생각합니다.

지금까지는 장난감 판매자로서 행복을 전달하는 방법을 고민했지만, 이 제는 장난감을 좋아하는 많은 분과 어떻게 하면 더 진심으로 소통할 수 있을지 고민하고 있습니다. 코로나가 잦아들면서 새로 작은 오프라인 모임을 시작했습니다. 인스타그램에서만 활동하다 저만의 아지트에서 장난감을 좋아하는 분들과 직접 만나고 소통할 수 있게 된 것입니다. 모임이 끝나더라도 관계가 끝나는 게 아니라, 계속해서 인스타그램 '백곰삼촌' 계정을 통해 소통합니다. 모임에 참석한 분들이 지인분에게 아지트를 소개하기도 합니다. 점점 입소문이 나면서 아지트가 장난감을 좋아하는 분들의 사랑방처럼 변해가고 있습니다.

지금은 '백곰삼촌'이라는 브랜드로 두 가지에만 집중하고 있습니다. 어떻게 하면 '행복을 전달할 수 있을지'와 '진심으로 소통하는 방법은 무엇인지'. 이렇게 두 가지에 집중하다 보니 스스로 점점 더 단단해져 가는 것을 느끼고 있습니다.

Q_ 이 책의 독자에게 '퍼스널 브랜딩'에 대해 전하고 싶은 메시지가 있나요?

한 개인이 브랜드가 되기 위해서는 사람들과 공유할 가치가 있는 일관된 메시지를 꾸준히 전달하는 것이 중요하다고 생각합니다. 퍼스널 브랜드가 지향하는 가치를 중심으로 열심히 활동하다 보면 자연스럽게 수익으로도 연결되고 시장에서 더 많은 기회를 얻을 수 있습니다. 많은 관심을 받기 위해 노력하기보다는 어떻게 하면 사랑을 받을 수 있을지를 끊임없이 고민하고 질문하라는 말을 해 주고 싶습니다.

무엇보다도 퍼스널 브랜딩은 과정의 연속이라는 말을 강조하고 싶습니다. 물론 끝은 있겠지만, 퍼스널 브랜딩은 단지 돈을 더 벌기 위해 일시적으로 차별화된 커리어를 만드는 것이 아니라, 자신의 가치를 콘셉트로 정의하고 이를 부단히 확장하고 공유하는 과정이라고 생각합니다.

Part 4

퍼스널 브랜딩 콘텐츠 기획

Chpater 1
콘텐츠의 4가지 유형

퍼스널 브랜딩에서 콘텐츠란 '브랜드 콘셉트를 경험할 수 있도록 의도와 목적을 가지고 만든 모든 콘텐츠'로 사진과 영상, 글(텍스트), 음성 정보 등과 같이 플랫폼을 통해 표현하고 전달하여 사람들이 경험할 수 있는 모든 것을 포함합니다. 이러한 콘텐츠는 담고 있는 내용과 기대하는 목적에 따라 '루틴 콘텐츠(routine content)'를 기본으로 '참여형 콘텐츠(participatory content)'와 '정보성 콘텐츠(informative content)' 그리고 '오리지널 콘텐츠(original content)'로 구분할 수 있습니다.

퍼스널 브랜딩을 할 때는 어떤 콘텐츠의 비중이 높으냐에 따라서 브랜드 성격에 영향을 주기 때문에 자신의 브랜드 콘셉트에 맞추어 각 콘텐츠를 게시하는 비율을 적절하게 조절해야 합니다.

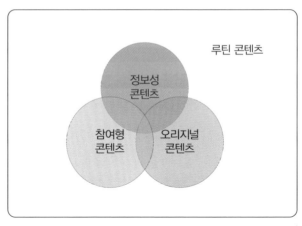

[그림 4-1] 퍼스널 브랜딩의 4가지 콘텐츠 유형

1.1 루틴 콘텐츠

루틴 콘텐츠는 1주일에 4개 이상 꾸준히 만들 수 있는 일상의 콘텐츠로 역할은 크게 두 가지입니다.

● 꾸준한 포스팅으로 '신뢰'를 쌓아가는 역할

● 퍼스널 브랜드의 중심 메시지를 전달하는 역할

이러한 역할을 위해서는 루틴 콘텐츠에 자신의 브랜드 콘셉트를 가장 잘 담아야 합니다. 예를 들어, 제가 아이들을 씻기고 등원시키는 모습과 아내에게 꽃을 선물하는 모습이 바로 저의 루틴 콘텐츠라고 할 수 있습니다. 이 콘텐츠는 모두 '아내를 위한 삶'이라는 '앤디파파' 브랜드의 가치를 담고 있습니다.

1.2 참여형 콘텐츠

참여형 콘텐츠는 목적 의식적으로 팔로워들의 공감과 참여를 끌어내기 위한 콘텐츠입니다. 대표적인 참여형 콘텐츠에는 배달의 민족의 '배민 신춘문예'가 있습니다. '배민 신춘문예'는 배민 고유의 콘셉트인 B급 감성과 유머 코드로 '고객이 참여해서 직접 만들 기회'를 제공하며 '배민다움'을 경험하고 소속감을 느끼게 하는 역할을 합니다.

저는 팔로워의 참여를 위해 두 가지 참여형 콘텐츠를 공유합니다. 하나는 나눔과 관련된 콘텐츠입니다. 제가 가진 것 중에 다른 사람에게도 가치가 있다고 생각한 것을 적극적으로 나눕니다. 두 번째는 아이를 키우면서 모르는 것을 적극적으로 질문하면서 팔로워분들의 자연스럽고 건강한 참여를 끌어내려고 노력합니다. 저는 이러한 참여형 콘텐츠를 '#나눔이벤트'와 '#질문있습니다'라는 해시태그로 공유합니다.

인스타그램에서 소통은 대부분 댓글로 이루어집니다. 댓글은 인스타그램 알고리즘에 영향을 미치는 중요한 요소입니다. '#나눔이벤트'와 '#질문있습니다'로 게시한 콘텐츠에 달리는 많은 댓글은 팔로워와 소통을 증가시키고 제 퍼스널 브랜드 성장에도 긍정적인 영향을 끼칩니다.

1.3 정보성 콘텐츠

정보성 콘텐츠의 역할은 팔로워에게 필요한 정보를 제공함으로써 퍼스널 브랜드의 필요성을 인식하게 하는 것입니다. 루틴 콘텐츠가 일상의 스토리와 메시지에 집중하고 참여형 콘텐츠가 소통에 집중한다면, 정보성 콘텐츠는 철저하게 사람들이 알고 싶은 것을 공유하는 것으로 대부분 팔로워들의 경제적 관심이나 수익과 관련한 콘텐츠입니다. '앤디파파'는 주로 사람들이 궁금하게 여기는 '#부모급여', '#육아수당', '#다자녀할인혜택' 등, '아이를 키우는 것과 관련된' 내용을 정보성 콘텐츠로 기획하여 공유합니다.

정보성 콘텐츠에는 공동구매도 포함됩니다. 공동구매는 가격 메리트와 제품 정보를 공유함으로써 계속해서 팔로워들이 내 계정을 찾아오게 하고 다음을 기대하게 하는 역할을 합니다. 따라서 공동구매를 자신의 메인 정보성 콘텐츠로 선택했다면 '유니크한, 내 계정에서만 볼 수 있는' 제품을 꾸준히 확보하기 위해 노력해야 합니다. 자신의 브랜드를 찾아오는 이유를 '차별화된 제품'으로 공유해야 하기 때문입니다.

1.4 오리지널 콘텐츠

오리지널 콘텐츠란 자신의 브랜드 콘셉트와 메시지를 가장 잘 응축해서 표현한 콘텐츠입니다. '앤디파파'는 오리지널 콘텐츠로 아내와 나누는 대화를 6~8초 정도의 릴스로 만들어 팔로워들과 공유합니다. 오리지널 콘텐츠는 짧은 영상이나 이미지로 브랜드의 핵심 가치를 진정성 있게 전달하면서도 공감과 반응을 유도할 수 있어야 하기에 다른 콘텐츠와 다르게 크리에이터로의 능력이 어느 정도 필요합니다.

1.5 효과적인 콘텐츠 공유 순서

퍼스널 브랜딩에서 콘텐츠를 공유할 때 제 경험에 비추어 추천하고 싶은 순서가 있습니다.

가장 먼저 나를 인식하게 할 수 있는 '루틴 콘텐츠'를 기본으로 게시한 다음에 '참여형 콘텐츠'로 적극적인 소통을 하고, 그다음으로 '정보성 콘텐츠'로 내 브랜드의 필요성을 인식하게 합니다. 끝으로 '오리지널 콘텐츠'로 내 브랜드가 전하고자 하는 메시지를 응축해서 공유합니다.

이 순서를 반드시 따라야 하는 것은 아니지만, 제 경험에 의하면 되도록 이 순서를 지키는 것이 좋다고 생각합니다. 이 순서를 지킬 때 팔로워들과 탄탄한 신뢰가 형성이 되고, 이를 바탕으로 시간이 갈수록 계속 성장하는 퍼스널 브랜드가 되기 때문입니다. 느린 것 같지만 루틴 콘텐츠가 쌓여야 팔로워들과 관계가 형성되면서 참여도 일어나고 공동구매나 판매도 잘 됩니다.

저도 많은 시간을 '아내를 위한 삶'이라는 콘셉트에 맞게 가족과 관련된 이야기를 중심으로 루틴 콘텐츠를 꾸준히 공유해 왔습니다. '나'를 인식하게 하는 과정이 브랜딩이라고 생각했을 때, '아내와 가족을 위해 헌신하는 아빠의 모습'을 먼저 공유하는 것이 맞는다고 생각했기 때문입니다.

루틴 콘텐츠만으로도 계정이 성장하면서, 여러 방송국에서 육아나 가족과 관련된 방송 프로그램에 출연해 달라는 섭외 연락이 오기 시작했습니다. 이때 저는 출연 섭외 디엠(DM)이 올 때마다 담당자분에게 어떻게 저를 알았는지, 저를 섭외하려고 하는 이유가 무엇인지 물어보았습니다. 그때마다 대답은 한결같았습니다.

> "'#육아대디' 해시태그를 매일 검색하는데 '앤디파파' 님의 인스타그램 계정에 육아와 아내에 관한 게시물이 꾸준히 올라와서 주목할 수밖에 없었습니다. '앤디파파' 님의 '아내를 위한 삶'이라는 진정성 있는 콘텐츠가 저희 팀의 마음을 움직여 방송에 출연해 달라고 부탁하려고 연락했습니다."

Chapter 2
콘텐츠 마이닝 노트로 콘텐츠 기획하기

지금까지 4개의 서로 다른 성격의 콘텐츠에 관해 간략하게 알아보았습니다. 이제부터는 '콘텐츠 마이닝 노트(contents mining note)'를 사용하여 스스로 자기만의 콘텐츠를 찾고 발전시켜 나가는 방법을 알아보겠습니다. 나아가 인스타그램에서 각각의 유형별 콘텐츠가 기능적으로 어떤 역할을 하고 알고리즘에 어떻게 영향을 주는지도 자세하게 알아보겠습니다.

콘텐츠 마이닝 노트는 제가 현업에서 콘텐츠를 찾아내고 발전시키기 위해 사용하는 것으로 꾸준히 포스팅할 콘텐츠를 자신의 일상에서 찾기 위한 툴입니다. 콘텐츠 마이닝 노트의 기록을 통해 일상에서 반복되는 이슈는 무엇인지 확인할 수 있고, 이를 토대로 일상의 콘텐츠를 수집하여 주 단위, 월 단위의 게시물을 미리 기획할 수 있습니다. 저는 이것을 '콘텐츠 흐름 만들기(Create a flow)'라고 부릅니다.

콘텐츠 마이닝 노트의 구조와 원리는 'Part 3'에서 설명한 '브랜드 마이닝 노트'와 같습니다. 다만 콘텐츠 마이닝 노트에서는 브랜드 '콘셉트'가 아니라 브랜드 '콘텐츠'가 될 재료를 찾아낸다는 점이 다릅니다. 적어도 한 달 동안 일상에서 반복되는 일을 찾아내기 위해서 '브랜드 마이닝 노트'를 기록한 것처럼, '콘텐츠 마이닝 노트'에도 시간 단위로 짧게 하루의 일과를 기록합니다.

그럼, 지금부터 '앤디파파'의 콘텐츠 마이닝 노트의 예를 통해서 유형별 콘텐츠를 기획하는 방법을 알아보겠습니다. ([표 4-1] 참조)

2.1 루틴 콘텐츠 기획하기

일상에서 루틴 콘텐츠의 재료를 찾기 위해서는, 적어도 1달 동안 매일 콘텐츠 마이닝 노트를 기록하면서 〈콘텐츠 찾기〉에 재료를 정리해야 합니다. 이것을 〈콘텐츠 종류〉에 유형별로 기록하는 것이 첫 번째 단계로 이렇게 모인 루틴형 콘텐츠 재료는 내 브랜드 콘셉트를 완성해주는 밑거름이 됩니다. 소소한 일상에 콘셉트를 부여하는 것만으로도 나만의 메시지를 담은 의미 있는 콘텐츠가 될 수 있습니다.

_ 루틴 콘텐츠 재료 정리 _

루틴 콘텐츠는 반복되는 일상의 행동에서 내 브랜드 콘셉트에 부합하면서 다른 사람이 공감할 수 있는 다양한 콘텐츠 재료를 발견하는 것

	환경	역할	@andypapa__
(08:00 ~ 09:00)	집	남편	하늘이 아침 먹이고 옷 입혀서 어린이집에 등원시킴.
(09:00 ~ 10:00)	회사	브랜드 디렉터	부모급여, 지인 인스타그램 해킹 소식 들음
(10:00 ~ 11:00)	회사	회사원	주말동안 들어온 주문건 C/S 확인
(11:00 ~ 12:00)	회사	브랜드 디렉터	대표님과 다음달 진행할 새로운 프로젝트 이야기
(12:00 ~ 13:00)	회사	회사원	점심 먹고 커피 한잔
(13:00 ~ 14:00)	회사	브랜드 디렉터	파트너사 미팅
(14:00 ~ 15:00)	회사	브랜드 디렉터	파트너사 미팅
(15:00 ~ 16:00)	회사	브랜드 디렉터	미팅 정리 기록
(17:00 ~ 18:00)	회사	브랜드 디렉터	새로운 파트너사 미팅 잡기
(18:00 ~ 19:00)	지하철	브랜드 디렉터	퇴근길에 꽃 사옴
(19:00 ~ 20:00)	집	남편	하늘이 저녁 먹이고 목욕시킴, 하늘이가 요즘 저녁을 잘 안먹으려고 함
(20:00 ~ 21:00)	집	남편	하늘이 잘시간이라 재움
(21:00 ~ 22:00)	집	남편	아내랑 같이 TV 보면서 수다떨음, 내년에 어린이집, 병원 치료에 대해서 이야기함.
(22:00 ~ 23:00)	집	개인	잠듬
(23:00 ~ 24:00)	–	–	–
콘텐츠 발견	**콘텐츠 찾기**		① 어린이집 등원하기전에 현관에서 인사하는 모습 ② 아이들 목욕시키는 모습 ③ 아내랑 대화할때가 가장 즐겁고 재있는데 어떻게하면 사랑받는 모습을 공유할 수 있을까 ④ 부모급여　⑤ 해킹　⑥ 하늘이가 밥을 잘 안먹으려고 함
콘텐츠 정의	**콘텐츠 성격**		A. 루틴형 콘텐츠 (1번 2번), B. 정보성 콘텐츠 (4번, 5번), C. 오리지날 콘텐츠 (3번)
콘텐츠 종류	**루틴형 콘텐츠**		① 어린이집 등원하는 것도 내가 하면 아내가 쉴 수 있으니 '아내를 위한 삶'의 연장선 일거야 ② 내가 아이들을 목욕시키면 '아내의 팔목을 보호하는데 도움이 될 거야'
	참여형 콘텐츠		⑥ 아이들이 밥을 안 먹는 이유가 있을거야, 팔로워들에게 물어보자. 이럴 때는 어떻게 해야하는지
	정보성 콘텐츠		④ 부모급여에 대한 내용을 찾고 정리해서 공유해보자 ⑤ 인스타그램 해킹 방지하는 방법에대해서 공유해보자
	오리지날 콘텐츠		③ 아내랑 대화하는 모습을 앤디파파 컨셉으로 표현하면 어떻게 표현되어야 할까, 사진보다는 릴스로 짧고 굵게 표현할 수 있는 방법이 없을까

[표 4-1] '앤디파파'의 콘텐츠 마이닝 노트

에서 시작합니다. 일, 주, 월 단위로 반복되는 사건과 이슈가 모두 루틴 콘텐츠의 재료가 될 수 있습니다. 여기에서는 콘텐츠 마이닝 노트를 통해 여러 가지 루틴 콘텐츠 재료를 확보하는 것이 무엇보다 중요합니다. 이런 다양한 루틴 콘텐츠로 공감받는 콘텐츠를 지속해서 공유하는 퍼스널 브랜드는 매우 단단한 기반에서 성장할 수 있습니다.

 브랜드 마이닝 노트 기록을 통해 찾아낸 '앤디파파'의 루틴 콘텐츠 소재

- 아침에 아이를 등원시키기 전 현관에서 함께 사진 찍는 패턴 발견
- 아이들 목욕시키는 모습
- 매주 한 번 분리수거하는 모습
- 주말에는 항상 가족과 드라이브하는 모습
- 아내에게 꽃을 선물하는 모습

_ 루틴 콘텐츠를 만들 때 유의할 점 _

루틴 콘텐츠는 흥미 있는 '행동'을 공유하는 것이 아니라 내 브랜드 콘셉트를 느낄 수 있는 '메시지'를 전달할 수 있어야 합니다. 루틴 콘텐츠의 이미지뿐 아니라 글이나 말도 내 브랜드의 콘셉트와 통일성이 있어야 합니다. '앤디파파'가 공유하는 모든 콘텐츠가 '내가 어떤 행동을 했다'가 아니라 '내가 이 행동을 한 이유가 가족과 아내를 위해서였다'라는 메시지를 담고 있는 것은 이런 이유 때문입니다.

예를 들어 '아이들이랑 두 시간 산책을 다녀왔다. 두 시간 정도 유모차를 밀면서 걸으니 운동도 되고 좋았다. 다음 주에도 운동을 겸해서 산

책하러 가야겠다'라고 '나'를 중심으로 이야기하면, 가치도 없고 의미도 없고 감동도 없습니다. 같은 사진 이미지여도 '평일 육아로 지쳐있는 아내가 잠시라도 쉴 수 있도록 아이들만 데리고 두 시간 정도 산책을 다녀왔다.'와 같이 브랜드의 핵심 가치를 글로 담아낼 수 있어야 합니다.

_ 루틴 콘텐츠 기획 빈도수 확인 _

루틴 콘텐츠의 재료를 발견하면, 1주일에 몇 번 정도 콘텐츠를 만들 수 있는지와 언제쯤 포스팅을 할 수 있는지도 함께 기록해 두어야 합니다. 그래야 포스팅할 수 있는 날짜를 예상할 수 있습니다.

2.2 참여형 콘텐츠 기획하기

참여형 콘텐츠는 인스타그램에서 '댓글'과 관련이 높은 콘텐츠입니다. 이름 그대로 사람들의 참여를 유도해 '댓글'을 많이 달게 하는 콘텐츠입니다. '댓글'은 '좋아요'보다 한 단계 더 높은 관심을 표현하는 방법입니다. 실제 인스타그램에서는 '댓글'이 많이 달린 콘텐츠가 '좋아요' 보다 더 많이 노출됩니다.

여기에는 공동구매를 하기 전에 게시하는 '사전 알림' 콘텐츠도 포함됩니다. '공구 사전 알림 안내' 콘텐츠를 찾아보면, '알림을 원하시는 분은 댓글을 남겨주세요'라는 문구를 어렵지 않게 찾아볼 수 있습니다.

바로, 이 문구를 통해 사람들에게 '댓글'을 유도하는 것입니다. 댓글이 게시물에 많이 달리면 달릴수록, 인스타그램 알고리즘에 의해 더욱더 많은 사람에게 콘텐츠가 노출됩니다. 그렇게 되면 광고비나 홍보비를 들이지 않고도 많은 사람에게 내 콘텐츠가 도달하므로 결과적으로 높은 공동구매 판매수익을 기대할 수 있습니다.

퍼스널 브랜드의 참여형 콘텐츠에는 '질문형 콘텐츠'와 '이벤트 콘텐츠'가 있습니다.

_ 질문형 콘텐츠 _

질문형 콘텐츠를 만들 때는 되도록 루틴형 콘텐츠를 기반으로 내 콘셉트와 관련된 질문을 해야 합니다. 이는 브랜드의 신뢰도와도 연결되기 때문에 중요합니다.

저는 '앤디파파'의 브랜드 콘셉트인 육아와 관련한 질문을 통해 사람들과 진심으로 소통합니다. 아이를 키우면서 처음 겪는 일이 생기면, 이를 해결할 수 있는 조금 더 나은 방법을 구하기 위해 부모로서의 진정성을 담아 팔로워들에게 질문을 합니다. '앤디파파'가 공감과 응원을 받는 퍼스널 브랜드로 성장한 이유는 이처럼 진정성 있는 질문 콘텐츠 때문이라고 생각합니다.

참고로 제가 일상생활 속 고민을 콘텐츠 마이닝 노트에 기록하면서 발견한 질문형 콘텐츠 재료를 소개합니다.

아이가 밥을 잘 안 먹으려고 하네?

→ 이럴 때는 어떻게 해야 할지 '질문'을 해보자.

아이가 어린이집에 가기 싫다고 하네?

→ 이럴 때는 어떻게 해야 할지 '질문'을 해보자.

아이의 열이 잘 안 떨어지네?

→ 이럴 때는 어떻게 해야 할지 '질문'을 해보자.

일상생활 속에서 찾은 질문형 콘텐츠는 자신과 팔로워에게 모두 도움이 됩니다. 댓글에 올라온 대답은 사람마다 달라서 퍼스널 브랜드뿐 아니라 팔로워도 새로운 정보를 얻습니다. 팔로워들의 공통 관심사를 주제로 질문을 하면, 댓글이 많이 달리면서 많은 사람이 댓글을 확인하기 위해 내 프로필에 방문할 확률도 함께 높아집니다. 마치 온라인 카페 활동을 할 때, 내가 남긴 댓글에 누가 댓글을 새롭게 달지 않았나 궁금해서 다시 카페를 방문하는 것과 같은 원리입니다.

이뿐만 아니라 [질문형 콘텐츠]는 상호 소통을 통해 나와 팔로워들과의 관계를 더욱더 단단하게 만듭니다. '백곰삼촌'은 라이브 커머스 방송을 하기 전에, 제품 소개 콘텐츠를 게시하면서 먼저 팔로워들과 활발한 소통을 시작합니다. 예를 들어 "이번 라이브 방송에서는 여러분과 함께 언박싱해볼까요?", "어떤 사은품을 더 받고 싶으세요?", "앞으로 어떤 제품을 소개해 드릴까요?" 와 같이 장난감과 관련한 질문으로 팔로워들의 생각을 댓글에서 확인합니다. 댓글을 통해 사람들이 원하는 제품과 알고 싶은 정보를 미리 파악하면, 라이브 방송을 진행하면서 팔로워들이 궁금하게 생각하는 포인트를 더 자세하게 설명할 수 있습니다. 그러면 팔로워들이 '백곰삼촌'이 '내 질문'에 답을 해 준 사실만으로도 서로 소통하고 있다고 공감하면서 자연스럽게 팔로워들과 퍼스널 브랜드 사이에 심리적 거리감이 좁혀집니다.

인스타그램에서 질문형 콘텐츠를 게시할 때, 첫 줄에 들어가는 '질문있습니다'와 같은 문구를 강조하려면 해시태그를 사용해 '#질문있습니다'로 표기하는 것이 좋습니다. 인스타그램에는 글을 강조하는 '굵게표시' 기능이 없어서 시각적으로 강조하려면 해시태그를 사용해야 합니다.

_ 공감받는 나눔 이벤트 _

댓글 참여를 유도하는 이벤트에는 그 결과가 '퍼스널 브랜드 계정에만 이익이 되는 단순 판매 이벤트'와 '퍼스널 브랜드 계정의 성장에도 도움이 되지만, 팔로워들이 함께 공감하고 응원할 수 있는 나눔 이벤트'로 구분할 수 있습니다. 가치를 중시하는 퍼스널 브랜드는 당연히 두 번째 나눔 이벤트를 고민해야 합니다. 그러면 나눔 이벤트는 어떻게 기획하는 것이 좋을까요?

저는 부득이 공동구매나 협찬 광고를 진행해야 할 때 되도록 나눔 이벤트를 함께 진행합니다. 육아템과 관련하여 제품 브랜드사가 공동구매나 협찬 광고를 제안하면, 담당자에게 메일로 꼭 한 가지를 부탁합니다.

"안녕하세요! '앤디파파'입니다. 이번 홍보는 단순히 제품의 개선된 기능을 공유하기보다는 한 사람이라도 직접 제품을 경험하도록 하는 게 더 좋을 것 같습니다. 협찬하는 제품을 2개 정도 더 주시면, 나눔 이벤트를 진행하여 필요한 분들에게 전달하고 싶습니다. 나눔 이벤트를 통해 제품을 홍보할 수도 있고 꼭 필요하신 분께 제품을 경험할 기회를 제공함으로써 잠재 고객을 확보할 수도 있지 않을까요? 긍정적인 검토를 부탁드립니다."

이렇게 부탁하는 것이 처음에는 망설여지기도 했지만, 막상 제안하자 미래의 잠재 고객들에게 제품을 홍보할 수 있다는 기회로 여겨, 담당자들이 대부분 제 제안을 흔쾌히 받아들였습니다.

제가 아내에게 매주 꽃을 선물하는 '루틴형 콘텐츠'가 '나눔 이벤트'로 발전한 사례도 있었습니다. 저는 매주 금요일마다 아내에게 꽃을 선물하면서 이것을 콘텐츠로 만들어 팔로워들과 공유합니다. 그런데 이 모습을 지켜본 온라인 꽃 유통 브랜드 '온화공(@on_hwa_gong)'에서 저와 '온화공' 콜라보 이벤트를 제안하여 남편분들이 아내에게 매주 금요일에 꽃을 선물하는 나눔 이벤트를 진행한 결과 팔로워들의 많은 참여를 끌어낼 수 있었습니다.

이 사례는 퍼스널 브랜딩에서 매우 중요한 시사점을 줍니다. 우리는 콘텐츠를 만들 때 팔로워들만 이 콘텐츠를 본다고 생각하기 쉽지만, 인스타그램에서 내 활동이 매력적이면 많은 브랜드 담당자도 나를 지켜볼 가능성이 큽니다. 이들은 새로운 잠재 고객에게 자사의 브랜드를 알리고 경험하게 하는 것이 중요하기 때문에, 이를 연결해 줄 퍼스널 브랜드를 항상 찾고 있습니다. 그래서 일상에서 발견한 루틴 콘텐츠와 이 것을 소재로 참여 이벤트를 기획하여 활발히 공유하는 퍼스널 브랜드 는 자연스럽게 팔로워뿐 아니라 제품 브랜드 담당자의 눈길을 끌게 합 니다.

참여 이벤트를 진행할 때는 방법이 쉽고 단순해야 합니다. 저는 참여 이벤트를 진행할 때 '댓글로 손들어주세요'라는 한 가지 미션만을 공유 합니다. 이렇게 쉽고 단순한 방법으로 이벤트를 진행하면 많은 사람이 쉽게 참여할 수 있고 참여자들이 단 댓글에 일일이 대댓글로 진짜 전 하고 싶은 메시지를 남기면 이벤트 효과가 더 높아집니다.

※ 참고로 많은 댓글을 쉽게 확인하고 관리하는 방법이 있습니다. '빅셜(Bigcial)'에서 제 공하는 댓글 추첨 기능과 축출하기 기능을 이용하면, 더 쉽고 효과적으로 댓글 이벤 트를 관리할 수 있습니다.)

2.3 정보성 콘텐츠 기획하기

'정보성 콘텐츠'를 만들려면, 먼저 '콘텐츠 마이닝 노트'에서 나도 궁금 하고 '다른 사람도 궁금하게 생각하는' 이슈를 찾는 것이 우선입니다. 예를 들어 '아이와 함께 갈 수 있는 여름 휴양지 BEST 5', '공동구매와 같은 판매 정보', '내 브랜드와 관련된 주제에서 가장 핫한 이슈' 등을 선택합니다. '앤디파파'는 '육아'를 주제로 한 퍼스널 브랜드여서, '아이 와 함께 가기 좋은 카페'처럼 육아에 관한 내용을 정보성 콘텐츠로 만 들어 공유합니다.

정보성 콘텐츠는 인스타그램에서 콘텐츠 가중치가 가장 높은 '저장', '공유', '프로필 방문자' 카운팅으로 직결되기 때문에, 앞에서 설명한 '루틴 콘텐츠'나 '참여형 콘텐츠'와는 다르게 접근해야 합니다.

_ '카드 뉴스'로 정보성 콘텐츠 만들기 _

인스타그램은 사람들이 콘텐츠를 소비할 때 게시물에 머무는 시간도 측정합니다. 사람들이 오래 콘텐츠를 읽으면 읽을수록 이 콘텐츠가 좋은 내용을 담고 있는 것으로 알고리즘이 판단하여, 더 많은 사람에게 노출할 가능성이 커집니다. 그래서 정보성 콘텐츠를 만들 때는 사람들이 호기심을 가지고 끝까지 보게 만들어야 합니다. 즉, 정보성 콘텐츠를 기획할 때는 무엇보다 '호기심'에 집중해야 합니다.

그럼 '앤디파파'의 '캐러셀 카드 뉴스 기획서'를 통해서 호기심을 유발하는 정보성 콘텐츠를 카드 뉴스로 만드는 과정을 함께 알아보겠습니다. ([표 4-2] 참고)

※ 인스타그램에서는 카드 뉴스를 최대 10쪽의 이미지로 첨부할 수 있는 캐러셀 기능이 있습니다. 그래서 여기에서는 10쪽짜리 카드 뉴스를 가정하고 설명합니다.

먼저 이 정보의 정확한 소비자가 누구인지를 정확하게 정리해서 〈예상 소비자〉 칸에 적습니다. 누가 정보의 소비자인지를 명확히 하면 정보성 콘텐츠의 내용을 조금 더 뾰족하게 다듬는 데 도움이 됩니다.

'앤디파파'의 정보성 콘텐츠는 일단 '육아 정책'에 관한 이야기이므로, 콘텐츠 소비자를 두 그룹으로 정리하였습니다.

성격	정보성 콘텐츠
지속성	주 1회 가능
	카드뉴스 / 캐러셀
찾은 주제	부모급여를 뉴스를 통해 접함
예상 소비자	신혼부부 또는 자녀가 태어날 가정과 자녀 계획이 있는 가정 또는 그와 가까운 가족 친지들
목적	정보전달 & 콜투액션 팔로잉 유도

		진행순서	Page 기획	TEXT 기획
1 Page	챕터 1	궁금증	결론이 유추 가능하도록 힌트 공유	2023년 부모급여 총정리
2 Page		해결	상황 설명 / 공감 타겟 언지 정보 전달	자녀가 태어날 가정이라면 2023년부터 매월 최대 70만원을 받을 수 있습니다
3 Page		해결	정보 전달	그리고 2024년 부터 100만원으로 확대된다고 합니다 (만0세 기준)
4 Page	챕터 2	질문/호기심	질문을 통해 중간에 이탈하는 것을 방지	그러면 내 아이는 얼마를 받을 수 있는 걸까요?
5 Page		해결	정보전달	부모급여는 만 0세 아동과 만 1세 아동을 대상으로 지급 됩니다
6 Page		해결	정보전달	기존의 영아수당은 폐지되고, 부모급여로 대체되며 아동수당은 유지된다고 합니다
7 Page		해결	정보전달	만 0세 기준은 2023년 1월 1일 출생한 아이들, 만 1세 기준은 2022년에 출생한 아이들이 된다고 하네요
8 Page	챕터 3	질문/호기심	다시 질문을 통해 마지막 10page까지 볼 수 있게 유도	부모급여 신청 방법은 어떻게 되나요?
9 Page		해결	정보 전달	온라인은 '복지로 홈페이지', '정부24 홈페이지'를 통해 신청 가능하고 오프라인은 행정복지센터나 주민센터에서 방문하여 신청해주세요.
10 Page	목적	콜투 액션	행동 유도 문구 삽입	매주 공유하는 다양한 육아관련 정보를 보고 싶다면, 팔로잉 부탁드립니다.

[표 4-2] 캐러셀 카드 뉴스 기획서

1. **콘텐츠를 저장할 가능성이 큰 소비자 :** 앞으로 자녀가 태어날 신혼부부와 자녀 출산 계획이 있는 가정

2. **콘텐츠를 공유할 가능성이 큰 소비자 :** 이 사람들과 가까운 친구와 가족

다음으로 목적을 정리해야 합니다. 저는 카드 뉴스의 발행 목적을 '정보 전달'과 '콜 투 액션으로 팔로잉 유도하기'로 잡았습니다. 즉, 카드 뉴스를 만들 때 마지막 페이지에 '콜 투 액션' 문구를 넣어 카드 뉴스를 읽은 사람들이 내 계정을 팔로잉하도록 유도하는 것입니다. (콜 투 액션은 'Part 2'를 참고하세요)

이제 10쪽짜리 카드 뉴스의 내용을 구성하는 방법에 관해 알아보겠습니다. 먼저 10쪽의 카드 뉴스는 다음과 같이 크게 3개의 챕터로 구성하는 것이 좋습니다.

챕터	쪽	역할과 내용
챕터 1	1쪽~3쪽	명확한 타이틀 호기심 유발
챕터 2	4쪽~6쪽	세부 내용으로 호기심 유지
챕터3	8쪽~10쪽	'콜 투 액션'으로 기대 행동 유도

[표 4-3] 카드 뉴스의 구성과 내용

첫째, 〈챕터 1〉은 명확한 타이틀을 제시하여 호기심을 유발하도록 구성합니다.

〈챕터 1〉의 1쪽은 결론을 쉽게 짐작할 수 있도록 합니다. 예를 들어 '2023년 부모 급여 총정리'나 '2023년 월 70만 원 부모 급여 신청하는

2가지 방법'처럼 금방 한눈에 전체 내용을 파악할 수 있도록 핵심 정보를 제시합니다. 사람들은 자기가 궁금하게 생각하는 것을 알고 싶은 호기심이 있기 때문에 카드 뉴스 첫 장은 호기심을 유발해야 하고, 이 콘텐츠를 통해 얻을 수 있는 이익을 명확하게 보여주어야 합니다. 2쪽에서는 타깃에 대해 언급하되, 이 정보는 '나를 위한 정보다'라고 인식하도록, 예를 들어 '자녀가 태어날 가정'과 같은 문구를 넣습니다. 3쪽에서 사실에 근거한 정보를 제공하며 〈챕터 1〉을 마칩니다.

요약하면, 1쪽에서 '주제에 대한 해결책을 유추할 수 있게 제목을 기획하고', 2쪽에서 이 콘텐츠를 소비하는 타깃층을 꼭 언급하며 몰입을 유도해야 합니다. 마지막으로 3쪽에서 사람들이 궁금하게 여기는 정보를 제시해야 합니다. 이때 제시하는 정보는 경험이 아니라 정확한 사실을 전달해야 합니다.

[그림 4-2] 카드 뉴스 예시 : 1~3쪽

둘째, 〈챕터 2〉는 세부 내용에 대한 질문이나 해결책을 제시하면서 호기심을 유지하도록 구성합니다.

〈챕터 2〉는 4쪽~6쪽에 걸쳐 다시 한번 질문을 던지거나 구체적인 해결책을 제시하여 사람들이 이탈하는 것을 방지해야 합니다. 예를 들어 '그러면 내 아이는 얼마를 받을 수 있을까요?' 또는 '2022년생은 최대 80만 원을 받을 수 있습니다.'와 같이 조금 더 구체적인 내용으로 범위를 좁혀 호기심을 자극합니다.

[그림 4-3] 카드 뉴스 예시 : 4~7쪽

셋째, 〈챕터 3〉은 강력한 질문을 던지고 해결책을 제시하여 기대하는 '콜 투 액션'에 반응하도록 구성합니다.

〈챕터 3〉에서도 질문을 던지면서 시작합니다. 하지만 이번에는 이탈을 방지하기 위한 것이 아니라 10쪽까지 갈 수 있도록 해야 하므로, 8쪽에서 강력한 '질문'을 던지고 9쪽에서 만족할 만한 답을 제시해야 합니다. 마지막 10쪽에서, '콜 투 액션'으로 팔로잉을 유도하는 문구를 넣어 10쪽짜리 카드 뉴스를 완성합니다.

[그림 4-4] 카드 뉴스 예시 : 8~10쪽

한마디로 궁금한 것을 알고 싶은 심리를 이용해서, 중간마다 질문과 대답을 넣어 마지막 원하는 정보가 나올 때까지 콘텐츠를 소비하도록 기획하는 것이 핵심입니다. 이렇게 해서 10쪽까지 콘텐츠를 소비하면서 머무는 시간이 길어지면, 인스타그램은 내가 좋은 양질의 콘텐츠를 만들었다고 판단하고, 내 카드 뉴스를 더 많은 사람에게 노출할 가능성이 커집니다. (상황에 따라서는 콘텐츠 소비 시간을 늘리기 위해 마지막 카드에 영상을 넣기도 합니다.)

_ '릴스'로 정보성 콘텐츠 만들기 _

혹시 인스타그램에서 카드 뉴스와 릴스의 가장 큰 차이가 무엇인지 아나요? 축구 경기에 비유하면, 릴스(영상 콘텐츠)는 골을 넣는 것과 같습니다. 그만큼 강한 기억과 인식을 남길 수 있습니다. 카드 뉴스는 주로 시각 이미지로 내용을 전달하지만, 릴스는 시각과 청각을 함께 사용하여 입체적으로 내용을 전달하기 때문입니다.

정보성 콘텐츠로 임팩트 있는 릴스를 만들기 위해서는 '시청 지속 시간'과 '화면 구성'이 중요합니다. 릴스의 내용 구성은 카드 뉴스와 크게 다르지 않습니다. 다만 카드 뉴스는 최대 10장이라는 기준이 있지만, 릴스는 기준점이 없다는 게 다른 점입니다. 제 경험에 의하면 정보성 릴스는 30~50초로 제작했을 때 가장 반응이 좋았습니다.

릴스를 만들 때, 스크립트는 10쪽짜리 카드 뉴스처럼 크게 3개 부분으로 나누어 각 부분을 질문과 해결책으로 구성합니다. 다만, 전체 길이를 30~50초로 해야 하기에 옆에 스톱워치를 두고 시간을 확인하면서 카드 뉴스의 문어체를 구어체로 자연스럽게 전달하는 연습을 하면 도움이 됩니다. ([표 4-4] 참고)

릴스에서도 카드 뉴스의 1쪽처럼 첫 문장이 중요합니다. 첫 문장에서 '이 영상을 통해 얻을 수 있는 이익'을 분명하게 제시해야 합니다. 첫 문장을 어떻게 시작하느냐에 따라서 콘텐츠의 조회 수가 크게 차이가 나기 때문에 많은 사람에게 선택받으려면, 아주 정확하고 분명하게 릴스 영상에서 얻을 수 있는 이익을 첫 문장에서 표현해야 합니다. 이렇게 첫 번째 문장을 시작한 다음 두 번째 문장부터는 충분한 부연 설명을

릴스 기획		※내용	육아템/육아팁/육아정책	육아템/육아팁/육아정책
		Up date	22.10.12	23.01.02
		Sbuject	부모급여	부모급여
		팔로워 증가	600	400
		Sec	31 sec	48 sec
		view	560,000	460,000
문장 1 ▶	챕터 1	영상을 끝까지 봤을 때 이익을 예상하게 만들기	부모급여 70만원 100만원 정리 해드릴게요	부모급여 23년 최대 100만원 정리해드릴게요
문장 2 ▶		정보 전달	2023년부터 만0세에서 1세까지 최대 70만원이 지급된다고 합니다.	만나이 계산법에 따르면, 2023년 생도 최대 100만원을 받을 수 있습니다
문장 3 ▶		정보 전달	여기서 70만원은 만0세에 해당되는 금액이고요	제가 직접 구청 보육지원과에 전화 해봤는데요
문장 4 ▶		정보 전달	그리고 2024년부터는 100만원이 지급이 된다고 합니다	2023년 4월에 태어나는 아이는
문장 5 ▶		정보 전달	물론 이 것도 만 0세에 해당되는 거구요...	2023년 12 월까지 월 70만원 / 2024년 1월~3월까지 월 100만원을 받을 수 있습니다.
문장 6 ▶	챕터 2	– 질문 – (중간 이탈 방지)	그럼, 나는 얼마의 부모급여를 받을 수 있을까요?	그렇다면 2022년 생은 얼마를 받을 수 있을까요?
문장 7 ▶		정보 전달	위의 표에 보시기 쉽게 정리를 해놨습니다	2022년 10월생은 23년 1월 ~ 9월까지 70만원을 받고요, 23년 10월~12 은 35만원 그리고 24년 9월 까지 부모급여 50만원을 받을 수 있습니다.
문장 8 ▶	챕터 3	– 질문 – (마지막 이탈 방지)	내 아이의, 만 나이가 궁금하다면!	내 아이의 부모급여 계산법이 궁금하다면
문장 9 ▶		정보 전달	네이버에 만나이 계산이라고 검색해보세요	하단의 TEXT를 확인해주시고 팔로우 부탁드리겠습니다.
문장 10 ▶	콜투 액션	CTA	생략	생략

[표 4-4] 100만 조회를 기록한 정보성 릴스 영상 기획서

하고 6번째 문장에서 이탈을 방지하기 위해 '질문'을 던집니다. 이후 문장에서는 앞에서 했던 것과 같이 질문에 대한 답을 합니다. 이때 전달하는 정보를 시각적으로 보여주면서 최대한 간단하게 설명합니다. 이때쯤이면 이미 영상의 절반이 지났기 때문에, 긴 설명이 나오면 화면을 종료할 가능성이 큽니다. 마지막으로 8번째 문장부터 준비된 강력한 질문을 하고 해결책을 제시하면서 영상을 마무리하면 30~50초 사이의 정보성 릴스 한편이 완성됩니다.

저는 이런 방법으로 '부모 급여 70만 원 100만 원 (간략히) 정리해 드릴게요'라는 릴스를 만들어 100만 조회를 기록하기도 했습니다.

[그림 4-5] 100만 조회를 기록한 정보성 릴스 영상

릴스를 만들 때 중요하게 생각해야 할 것이 한 가지 더 있습니다. 바로 '화면 구성'입니다. '릴스' 영상 화면에 '사람'과 '자막', '자료 이미지'까지 3가지 구성 요소가 들어갈 자리를 미리 생각하고 영상을 촬영해야 하며 '자막'과 '자료 이미지'는 화면만으로도 이해할 수 있도록 기획 단계부터 잘 준비해야 합니다. 영상을 촬영할 때도 가로와 세로가 9:16인 세로 화면을 설정한 다음에 머리 위에 '자료 이미지'와 '자막'이 들어갈 충분한 공간을 미리 확보해야 합니다.

[그림 4-6] 릴스 화면 구성 예시

정보성 콘텐츠를 만들 때 '내가 전문가가 아니라서', '내가 혹시 틀리면 어떻게 하지'라는 마음으로 머뭇거리지 말기 바랍니다. 내가 알고 있는 정보를 사람들이 대부분 이미 알고 있더라도, 다시 한번 타인을 통해 확인하고 싶은 게 사람의 심리입니다. 정보성 콘텐츠를 다양하게 만드는 과정을 경험하면서 콘텐츠를 만드는 구조와 패턴을 익히면, 하나의 '소재'에서 파생한 서로 다른 형식의 콘텐츠를 만드는 데도 많은 도움이 됩니다.

정보성 콘텐츠 재료

◎ **포토그래퍼, 포토 & 영상 크리에이터 콘텐츠**

사진 전용 앱 추천, 빛 조절하는 방법, 사진 편집하는 방법, 사진 찍기 좋은 장소, 사진 편집 앱 사용 방법, 영상 편집 앱 사용 방법, 필터 사용 방법과 결과물 비교, 고가의 장비 구매 팁 등

◎ **여행 & 맛집 콘텐츠**

여행지 맛집, 음식의 매운 정도, 예약하는 방법 꿀팁, 아이와 함께 갈 수 있는 곳, 숨겨진 히든 명소, 여행지 필수코스 모음, 주차 꿀팁, 추천 메뉴, 경제적으로 식사 주문하는 법, 역과의 거리 등

◎ **육아 콘텐츠**

최신 육아템, 육아꿀팁, 책 육아하는 방법, 아이 교육 관련 정보, 어린이집·유치원 관련 정보, 육아템 리뷰 등.

◎ **네일 & 헤어 콘텐츠**

before & after 비교 콘텐츠, 할인 프로모션, 시즌별 스타일 추천, 상황별 스타일 추천 등

2.4 오리지널 콘텐츠 기획하기

여러분은 오리지널 콘텐츠라는 말을 들으면 어떤 생각이 먼저 떠오르나요? 아마 넷플릭스, 마블, 디즈니 HBO와 같은 대형 콘텐츠 플랫폼 회사가 떠오르면서 퍼스널 브랜딩을 위해 '이걸 내가 어떻게 만들지?'라고 생각할 수도 있습니다. 오리지널 콘텐츠에는 '원작'이라는 뜻도 있지만, 최근에는 '특정 미디어 플랫폼에서만 시청할 수 있는 고유한 콘

텐츠'라는 의미로도 사용합니다. 다른 플랫폼에서는 볼 수 없는 신선하고 창의적인 콘텐츠라고 볼 수 있습니다. 이러한 의미에서 퍼스널 브랜드라면 누구나 '오리지널' 콘텐츠 기획에 도전할 수 있습니다.

하지만 퍼스널 브랜드의 가치와 특성을 고유하게 표현하는 오리지널 콘텐츠는 다양한 콘텐츠를 지속해서 만들면서 시행착오를 겪는 과정에서 탄생합니다. 저 또한 '콘텐츠 마이닝 노트'의 순서대로 루틴 콘텐츠와 참여형 콘텐츠, 정보성 콘텐츠를 부단히 만들고 공유하는 과정에서 콘텐츠를 기획하는 안목과 능력이 발전했기 때문에 '앤디파파'의 오리지널 콘텐츠를 기획할 수 있었습니다.

자기만의 오리지널 콘텐츠는 '지속성'과 '응축성'이 있어야 합니다. 그렇게 하려면 단편이 아니라 장편의 시리즈를 흥미롭게 기획하여 다음 콘텐츠를 기대하도록 해야 합니다. 나아가 콘텐츠마다 응축된 메시지를 갖되 전체 흐름에서는 브랜드 콘셉트에 맞는 일관성을 유지해야 합니다.

무엇보다도 오리지널 콘텐츠를 기획하려면 '핵심 메시지'를 정해야 합니다. 핵심 메시지가 없는 오리지널 콘텐츠는 팔로워에게 선택받지 못하고 지속할 수도 없습니다. '앤디파파'의 오리지널 콘텐츠의 핵심 메시지는 브랜드 콘셉트와 같은 '아내를 위한 삶'입니다. 이 핵심 메시지에 브랜드 아이덴티티 요소를 넣어서 릴스 영상으로 만들어 팔로워들과 공유하고 있습니다. '앤디파파'의 오리지널 콘텐츠에는 항상 제가 아이들과 함께 등장하고 유모차를 미는 모습이 나옵니다. 이렇게 눈에 보이는 모든 요소로 만들어진 오리지널 콘텐츠 영상 시리즈는 '아내를 위한 삶'이라는 브랜드 콘셉트를 더욱더 공감하게 합니다. 어떻게 보면 그동안 루틴 콘텐츠로 보여주던 일관된 이미지를 그대로 영상으로 옮긴 것에 불과할 수도 있지만, 릴스로 만들어 보다 많은 사람에게 공유하며, '앤디파파'라는 캐릭터를 효과적으로 인식하게 할 수 있었습니다.

오리지널 콘텐츠는 너무 진지한 내용보다는 재미있고 공감할 수 있는 내용을 담아야 하지만, 자신의 브랜드 콘셉트와 연결된 가치를 전달할 수 있어야 한다는 점도 중요합니다.

오리지널 콘텐츠의 소재는 어떻게 발견할 수 있을까요? 답은 바로 '루틴 콘텐츠' 안에 있습니다. 루틴 콘텐츠를 꾸준히 찾다 보면 도저히 이미지만으로 표현이 안 되는 순간들이 있습니다. 이러한 순간순간을 잘 메모해두었다가 나중에 나만의 오리지널 콘텐츠로 발전시키면 됩니다. 물론 처음에는 약간 부족하고 서툴지만, 계속 시도하고 도전하면 어느 순간 자신만의 오리지널 콘텐츠로 발전할 수 있습니다.

[그림 4-7] '앤디파파'의 오리지널 콘텐츠 릴스 영상

콘텐츠
관리표

'브랜드 콘텐츠 관리표'와 '월 콘텐츠 관리표'

퍼스널 브랜드는 포스팅하는 콘텐츠의 비율에 따라 다르게 인식됩니다. 예를 들어 월 게시물에 갑자기 정보성 콘텐츠 비중이 높아지면, 사람들에게 전문성 브랜드로 보일 가능성이 커집니다. 따라서 브랜드가 성장하는 과정에서 유형별 콘텐츠를 성장 속도에 따라 적절하게 관리하지 않으면, 브랜드 정체성이 흔들리게 됩니다. 그리고 콘텐츠를 게시하는 일정 계획을 세우지 않으면, 콘텐츠 게시 주기가 불규칙하게 되어 계정의 안정성을 유지하는데 어려움이 생깁니다. '브랜드 콘텐츠 관리표'와 '월 콘텐츠 관리표'는 이런 문제를 해결할 수 있는 유용한 관리 툴입니다. ([표 4-5] 참조)

브랜드 콘텐츠 관리표

'브랜드 콘텐츠 관리표'는 정기적으로 게시할 콘텐츠를 미리 파악하면서 서로 다른 유형의 콘텐츠가 브랜드 콘셉트에 잘 부합하는지 확인하고 관리하는 툴입니다. '브랜드 콘텐츠 관리표'의 항목과 작성법은 다음과 같습니다.

- **브랜드 미션** : 퍼스널 브랜딩 활동을 통해서 공유하고 싶은 모습과 메시지

- **브랜드 콘셉트 & 주제 & 키워드** : 브랜드 미션의 주요 키워드, 슬로건, 카테고리

- **콘텐츠 형식** : 만들어야 할 콘텐츠 형식 (이미지, 카드 뉴스, 릴스)

계정명 EN	계정명 KR	브랜드 미션	브랜드 컨셉 &주제 &키워드	콘텐츠형식 (acting & time)	콘텐츠 성격	주기 (월)	콘텐츠제작 필요 조건
@andypapa__	앤디파파	성장하고 발전하는 가족의 모습을 통해 가족의 가치와 소중함 전달	아내를 위한 삶 & 가족의 사랑 & 육아 카테고리 & 성장, 발전	이미지	루틴	*정기*	꽃 선물
							목욕 / 식사
							분리수거
							건강한 부부 관계
				이미지	루틴	*정기*	외출할 장소 & 자동차
				카드 뉴스	정보성	*비정기*	콘텐츠 스토리 미리 적어놓기
				릴스	정보성	*주 1회*	육아 관련 정보 찾기
				릴스	오리지널	*주 1회*	소재와 대화 미리 생각하기
				이미지	참여형	*정기*	댓글 참여 / 팔로잉 이벤트 기획
				이미지	정보성	*정기*	사전 이벤트 구매 전환 증가를 위한 콘텐츠 기획
				이미지	정보성	*비정기*	파트너사 가이드 참조
				ETc.,	루틴	*비정기*	당근마켓

[표 4-5] 브랜드 콘텐츠 관리표

● **콘텐츠 성격** : 콘텐츠의 유형 (루틴 콘텐츠, 참여형 콘텐츠, 정보성 콘텐츠, 오리지널 콘텐츠)

● **주기** : 콘텐츠 게시 주기 (정기, 비정기)

● **콘텐츠 제작 필요 조건** : 콘텐츠를 게시하기 전에 미리 준비할 것

'브랜드 콘텐츠 관리표'를 작성하는 과정에서 콘텐츠를 구체적으로 정리하다 보면, 브랜드 통일성과 일관성을 확인할 수 있을 뿐 아니라 콘텐츠를 만들 때 들어가야 할 공수를 가늠할 수 있습니다.

월 콘텐츠 관리표

'월 콘텐츠 관리표'는 '브랜드 콘텐츠 관리표'의 실행 계획을 구체적인 일정으로 짜서 달력에 옮겨 적은 것입니다. 이렇게 작성한 '월 콘텐츠 관리표'는 한 달 동안 게시할 콘텐츠의 종류와 성격을 미리 파악하고 관리할 수 있도록 도와줍니다.

(일)요일	(월)요일	(화)요일	(수)요일	(목)요일	(금)요일	(토)요일
릴스 오리지널 콘텐츠	*릴스* 정보성 콘텐츠	루틴 콘텐츠 육아 참여	루틴 콘텐츠 육아 참여	정보성 콘텐츠 이벤트	정보성 콘텐츠 공동구매	루틴 콘텐츠 주말 외출
릴스 오리지널 콘텐츠	*릴스* 정보성 콘텐츠	루틴 콘텐츠 육아 참여	루틴 콘텐츠 육아 참여	루틴 콘텐츠 육아 참여	정보성 콘텐츠 공동구매	루틴 콘텐츠 주말 외출
릴스 오리지널 콘텐츠	*릴스* 정보성 콘텐츠	루틴 콘텐츠 육아 참여	루틴 콘텐츠 육아 참여	정보성 콘텐츠 이벤트	정보성 콘텐츠 공동구매	루틴 콘텐츠 주말 외출
릴스 오리지널 콘텐츠	*릴스* 정보성 콘텐츠	루틴 콘텐츠 육아 참여	루틴 콘텐츠 육아 참여	정보성 콘텐츠 이벤트	정보성 콘텐츠 공동구매	루틴 콘텐츠 주말 외출
릴스 오리지널 콘텐츠	*릴스* 정보성 콘텐츠	루틴 콘텐츠 육아 참여	루틴 콘텐츠 육아 참여	루틴 콘텐츠 육아 참여	정보성 콘텐츠 공동구매	루틴 콘텐츠 주말 외출

[표 4-6] 월 콘텐츠 관리표

Part 5

퍼스널 브랜드 마케팅 전략

Chapter 1
인사이트 데이터로 성장하는 계정 만들기

※ [인사이트] 찾아가기 : [프로필]에서 '프로페셔널 대시보드' 선택 → [프로페셔널 대시보드] 오른쪽 위 '모두 보기' 선택 → [인사이트]

인스타그램은 사용자에게 다양한 [인사이트] 데이터를 제공합니다. 우리가 차로 여행을 할 때 내비게이션에 목적지를 입력하면, 최단 거리 안내를 받아 쉽고 빠르게 목적지에 도착하듯이 우리는 인스타그램에서 제공하는 [인사이트] 데이터로 내 브랜드가 잘 성장하고 있는지, 무엇을 개선해야 할지를 가늠할 수 있습니다. [인사이트] 데이터를 부단히 분석하고 평가함으로써 우리는 자신의 계정과 콘텐츠의 개선 방향을 찾을 수 있습니다.

그럼, 먼저 [인사이트] 데이터를 이해하기 위해 필요한 세 가지 용어와 [인사이트]에서 기간을 설정하는 방법을 간략히 알아본 다음, 본격적으로 [인사이트] 데이터의 분석과 활용법을 알아보겠습니다.

[그림 5-1] [인사이트] 화면

◎ [인사이트] 데이터 용어

- **도달** : 내 게시물이 전달된 '사람(계정)의 수'

- **노출** : 내 게시물이 다른 사람의 인스타그램 화면에 '보인 횟수'

- **참여** : 내 게시물에 대한 '좋아요', '댓글', '저장', '공유' '메시지 쓰기'
  등의 반응 수

◎ [인사이트]에서 기간을 선택하는 방법

- [인사이트]에서는 데이터 기간을 현재를 기준으로 자유롭게 설정할
  수 있습니다. 기간 선택은 [인사이트]에서 뿐 아니라 [도달한 계정],
  [참여한 계정], [총 팔로워]에서 따로 설정할 수도 있습니다.

1.1 콘텐츠 타깃 확인하기
- [도달한 계정]과 [참여한 계정] 데이터

우리는 [인사이트]에 있는 [도달한 계정]과 [참여한 계정]의 '인구 통계학적 데이터'로 자신이 게시한 콘텐츠를 어느 지역, 어떤 사람이 주로 소비하는지 확인할 수 있습니다. (단, [기간 선택]에서 설정한 기간에 콘텐츠를 조회한 계정이 100개 미만일 때는 이 데이터를 제공하지 않습니다) [그림 5-2]와 [그림 5-3]의 자료화면은 '앤디파파'의 [도달한 계정]과 [참여한 계정]의 '인구 통계학적 데이터'입니다. 이 데이터에 의하면, '앤디파파'의 콘텐츠는 '서울과 부산'에서 '25~44세 여성'이 가장 많이 소비한다는 것을 확인할 수 있습니다.

만일 제가 이 데이터를 확인하지 않고, 남성이 좋아하는 콘텐츠를 무심코 계속 게시했다면 어땠을까요? 실제로 '앤디파파'를 팔로잉하는 사람이 대부분 여성인데, 제 계정이 성장할 수 있었을까요? 아마 그렇지 못했을 것입니다. 일단 콘텐츠를 게시하면 자신의 팔로워에게 가장 먼저 노출이 됩니다. 이때 '좋아요', '댓글', '공유', '저장', '프로필 방문'과 같은 반응이 없으면, 이 콘텐츠를 소비하는 시간이 짧거나 전혀 없어서 인스타그램 알고리즘은 더는 그 게시물을 노출하지 않습니다. 자신의 타깃을 실제 데이터로 확인하지 않고 감으로 콘텐츠를 기획한다면, 타깃의 반응을 끌어내지 못하고 조만간 계정은 활력을 잃고 맙니다.

저는 처음부터 [도달한 계정]과 [참여한 계정]의 데이터를 보면서 제가 설정한 타깃과 데이터로 나타난 타깃이 서로 일치하는지 계속 확인했

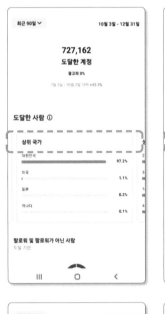

[그림 5-2] [도달한 계정]의 '인구 통계학적 데이터'

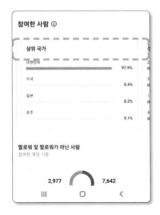

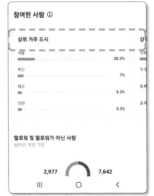

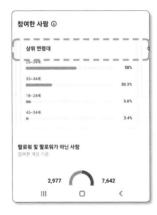

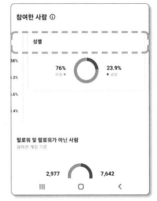

[그림 5-3] [참여한 계정]의 '인구 통계학적 데이터'

습니다. 그 결과 '서울과 부산에 거주하는 25~34세의 여성'이 관심을
보일 콘텐츠로 높은 반응을 끌어낼 수 있었습니다.

만일 제주도에 거주하는 인스타그램 사용자가 자신의 [도달한 계정]과
[참여한 계정] 데이터를 확인했더니 '25~34세의 서울과 경기 지역의

여성들'이 가장 팔로잉을 많이 하고 있다면, 나 홀로 여행을 오거나 어린 자녀와 함께 제주도로 여행을 오는 여성에게 매력적인 예쁜 카페나 숨은 보석 같은 장소를 소개하는 콘텐츠를 공유함으로써 좋은 반응을 끌어낼 수 있을 것입니다.

'45~54세 여성' 팔로워 비중이 높다면, 이미 제주도에 여러 번 여행을 다녀왔을 가능성이 클 것입니다. 이때는 더 여유롭게 산책을 할 수 있는, 경관이 좋은 둘레길이나 이동 동선이 비교적 단순한 여행 코스, 분위기 있는 맛집을 추천하는 콘텐츠가 더 잘 어울릴 수 있을 것입니다.

'10대' 팔로워가 가장 많다면, 아마 제주도를 처음 방문할 가능성이 크기 때문에 제주 공항부터 성산 일출봉까지 걸리는 시간, 첫 여행에서 꼭 가봐야 할 명소 TOP10, 꼭 먹어야 할 음식 TOP10, 가성비 좋은 맛집 등 여행 플랜을 알차게 짜는 데 도움이 되는 콘텐츠를 공유하는 게 효과적일 것입니다.

1.2 콘텐츠 반응성 확인하기
- [콘텐츠 도달]과 [노출] 데이터

※ [콘텐츠 도달]과 [노출] 데이터 찾아가기 : [프로필]에서 '프로페셔널 대시보드' 선택 → [프로페셔널 대시보드]에서 '계정 인사이트'의 '모두 보기' 선택 → [인사이트]에서 '도달한 계정' 선택 → [도달]에서 화면을 위로 끌어올려 [콘텐츠 도달]과 [노출] 데이터 확인

두 번째로 살펴볼 데이터는 [콘텐츠 도달]과 [노출]입니다. 이 데이터를 해석하려면 먼저 인스타그램에서 '도달'과 '노출'의 의미를 좀 더 정확하

게 이해할 필요가 있습니다.

용어 설명에서 간략하게 설명했듯이 '도달'은 말 그대로 내 게시물이 전달된 '사람(계정)의 수'를 말합니다. 예를 들어, 내 게시물이 인스타그램 알고리즘에 의해서 100명에게 전달됐다면 '도달'은 100으로 카운팅 됩니다.

'노출'은 내 게시물이 '보인 횟수'입니다. '노출'은 내 게시물이 몇 명(계정)에게 전달됐는지가 아니라 '몇 번 보였는지'를 카운팅한 데이터입니다.

얼핏 보면 '도달'과 '노출' 데이터가 서로 같아야 할 것 같지만 그렇지 않습니다. 이유는 '도달'과 '노출' 데이터가 카운팅 되는 방식과 관점이 서로 다르기 때문입니다.

인스타그램은 게시한 콘텐츠를 볼 확률이 높은 사용자에게 먼저 콘텐츠가 도달하도록 노력합니다. 이를 위해 사용자의 선호도와 관심사를 파악해서 콘텐츠를 보여주기도 하고, 과거의 상호작용을 토대로 콘텐츠를 추천하기도 합니다. 일반적으로 상호작용을 많이 하는 사람에게 콘텐츠가 우선 도달하게 하며, 콘텐츠의 상호작용이 알고리즘 평균 기준 대비 많을수록 더 많은 사람에게 노출되도록 조정합니다.

[그림 5-4] '도달'과 '노출' 데이터

위 그림을 보면 '도달'은 5,390이지만 '노출'은 5,995입니다. 어떤 사람 (계정)에게는 1번이 아니라 2번 이상 노출되어 '도달'보다 노출이 약 600 회 더 많습니다.

왜 인스타그램은 '도달'만이 아니라 '노출' 데이터도 제공할까요? 그 이 유는 반응성 때문입니다. 어떤 사람이 자신에게 '도달'되어 '노출'된 게 시물을 소비하는데 충분한 시간을 들였거나 '좋아요'와 '댓글'을 달면, 인스타그램의 알고리즘은 이 게시물을 '좋은 콘텐츠'로 인식하고 '저장' 과 '공유'까지 하도록 그 사람에게 반복해서 '노출'합니다. 이런 과정을 거치면서 인스타그램 알고리즘은 한 사람 한 사람의 게시물 소비 패턴 을 데이터로 기록하고 확인합니다. 그러다 '노출'한 게시물에 많은 사람이 반응하는 것이 데이터로 확인되면, 이 게시물을 더 많은 사람에게 '도달'하고 '노출'하도록 밀어줍니다. 인스타그램 관점에서는 이렇게 해야 더 많은 사람이 인스타그램을 방문하고, 더 많은 시간을 인스타그램에서 소비하기 때문입니다. 한 마디로 '도달 → 노출 → 더 많은 도달 → 더 많은 노출'이라는 콘텐츠 확산 사이클이 만들어집니다.

그러면 인스타그램 사용자 관점에서는 '도달'과 '노출' 가운데 어느 것이 더 중요할까요? 물론 '도달'과 '노출' 둘 다 내가 올린 콘텐츠의 반응을 높이는 데 중요한 역할을 합니다. 하지만 제 경험으로 볼 때, 저는 '도달'보다는 '노출'이 더 중요한 데이터라고 생각합니다. 콘텐츠에 반응을 끌어내려면 '도달'보다 '노출'이 많아야 합니다. (반응이 없는 콘텐츠는 광고비를 쓰지 않는 한, 인스타그램 알고리즘이 절대 알아서 확산하지 않습니다)100명에게 1번씩 노출될 때와 10명에게 10번 반복 노출될 때, 어느 쪽이 내 콘텐츠에 반응할 가능성이 클까요? 예외적인 상황이 아니라면, 당연히 '노출' 회수가 많을수록 콘텐츠에 반응할 확률이 높지 않을까요?

결론적으로 우리는 이러한 '도달'과 '노출'에 대한 인스타그램의 알고리즘에 맞추어 '도달'뿐 아니라 '노출'이 잘 되는 콘텐츠를 기획해야 합니다. 그렇게 하려면 지난주 대비 '도달'과 '노출'의 성장률뿐 아니라 '도달' 대비 '노출' 비율이 높은 콘텐츠를 면밀하게 분석하고 평가하여 다음 콘텐츠를 기획할 때 적극 반영해야 합니다. 이것에 관해서는 뒤에 나오는 '콘텐츠 데이터'에서 좀 더 자세하게 살펴보겠습니다.

1.3 매력적인 콘텐츠 평가하기 - [프로필 방문] 데이터

※ [프로필 방문] 데이터 찾아가기 : [프로필]에서 '프로페셔널 대시보드' 선택 → [프로페셔널 대시보드]에서 '계정 인사이트 모두 보기' 선택 → [인사이트] '개요'에서 '도달한 계정' 선택 → 화면을 위로 끌어올려 맨 아래 '프로필 활동' 데이터 확인

[프로필 활동]에는 [프로필 방문], [이메일 보내기 버튼 누름], [SMS 보내기 버튼 누름] 세 가지 데이터가 있습니다. 이 중에서 [프로필 방문] 데이터는 내가 올린 콘텐츠를 보고 내 계정의 프로필로 유입된 횟수로, 인스타그램 알고리즘에서 가중치를 매우 높게 매기는 지표입니다. 그 이유를 '좋아요' 데이터와 비교해서 알아보겠습니다.

'좋아요'를 누르는 것은 '한 게시물 안에서 끝나는' 단순한 반응이지만, '프로필 방문'은 어떤 게시물을 보고 나서 화면을 바꿔서 확인하고 싶은 것이 더 있을 때 일어나는 적극적인 반응입니다. ('좋아요' 보다 '댓글'이 더 중요한 이유도 마찬가지 원리입니다.) '프로필 방문'은 공감과 호기심이라는 감정을 한 단계 높은 적극적인 행동으로 표현한 것입니다. '이 콘텐츠를 만든 사람이 누구일까?'라거나 '이 사람의 계정에 들어가면 내 취향에 맞거나 내가 보고 싶은 콘텐츠가 더 많지 않을까?'라는 궁금증과 호기심으로 이런 행동을 했을 것입니다.

그래서 인스타그램 알고리즘은, [프로필 방문] 숫자가 높은 계정이 매력적인 콘텐츠가 있는 계정일 가능성이 큰 것으로 판단합니다. 다시 말해 사용자를 최대한 인스타그램에 오래 머물게 해서 플랫폼을 활성화하는 데 도움을 주는 중요한 계정이라고 판단합니다. 조금 과장해서

표현하면, 프로필을 방문하는 것은 마치 A라는 플랫폼에서 B라는 플랫폼으로 화면을 옮겨가는 것과 같으므로, 이런 행동을 유발한 촉매제 역할을 한 게시물에 높은 가산점을 줍니다.

이렇게 중요한 [프로필 방문]을 높이려면 어떻게 해야 할까요? 가장 효과적인 방법은 '질문 콘텐츠'나 '나눔 이벤트'처럼 사람들이 적극적으로 참여할 수 있는 '참여형 콘텐츠'를 잘 만들어 공유하는 것입니다.

내 게시물을 인기 게시물에 올리는 방법

더 알 아 두 기

많은 인스타그램 사용자가 자기 게시물이 인기 게시물에 올라가기를 희망합니다. 게시물이 인기 게시물과 탐색 탭에 노출되면, 하나의 콘텐츠만으로도 아주 많은 팔로워가 증가합니다. 실제로 저도 한 개의 게시물로 한 번에 600명 이상 팔로워가 증가한 적이 있습니다. 과연 게시물을 인기 게시물에 올리는 방법이 뭘까요?

당연한 이야기지만, 인기 게시물에 올라가려면 일단 콘텐츠 반응이 좋아야 합니다. 앞에서 살펴보았듯이 '반응'이란 '좋아요, 댓글, 저장, 공유'를 말합니다. 이것 말고도 인스타그램이 제공하는 지표에서 인기 게시물에 중요하게 영향을 미치는 데이터가 있습니다. 바로 '프로필 방문'입니다.

'프로필 방문' 지표는 콘텐츠를 확인하고, 다음 이야기가 궁금해서 내 프로필까지 들어온 행동을 카운팅 한 데이터입니다. 그만큼 콘텐츠를 소비하는 데 상당한 시간을 보냈다는 것을 나타내는 데이터입니다. 긴 시간을 들여 영상 콘텐츠를 끝까지 시청하거나 카드 뉴스를 마지막 페이지까지 모두 확인할 정도로 콘텐츠가 아주 매력적이었다는 뜻입니다.

지금까지 인기 게시물에 올라간 '앤디파파'의 콘텐츠는 대부분 평균 이상으로 높은 프로필 방문자 수를 기록했습니다. 결론적으로 인기 게시물에 올라가려면 몰입도가 높은 콘텐츠에 적절한 해시태그를 함께 사용하여 '프로필 방문'이 늘어나게 하는 것이 가장 효과적입니다.

1.4 타깃과 효과가 높은 콘텐츠 게시 시간 확인하기
- [팔로워] 데이터

※ [팔로워] 데이터 찾아가기 : [프로필]에서 '프로페셔널 대시보드' 선택 → [프로페셔널 대시보드]에서 '계정 인사이트 모두 보기' 선택 → [인사이트]에서 '총 팔로워' 선택 → [팔로워]에서 화면을 위로 끌어올려 '상위 지역', '연령대', '성별', '가장 활동이 많은 시간' 데이터 확인.

[팔로워]에서는 '팔로워 수'뿐 아니라 팔로워의 '증가', '상위 지역', '나이', '성별', '가장 활동이 많은 시간' 데이터를 확인할 수 있습니다. 우리는 이 데이터를 바탕으로 팔로워들이 내 게시물에 더 적극적인 반응을 보일 수 있도록 콘텐츠의 기획 방향을 잡아 나갈 수 있습니다.

_ [팔로워] 데이터 _

최대 90일 동안의 팔로워 증감의 변화를 그래프로 보여주는 [팔로워] 데이터 그래프는 팔로워의 증가와 감소 이유를 파악하기 위한 중요한 단서입니다. 특히 [팔로워] 데이터가 우상향하는 기간을 눈여겨봐야 합니다. [팔로워] 데이터가 우상향했다는 것은 그 기간에 게시한 콘텐츠를 보고 팔로워가 늘었다는 의미이기 때문에, 그 콘텐츠가 어떤 콘텐츠인지 확인하여 다음 콘텐츠를 기획할 때 참고해야 합니다.

나아가 〈팔로워〉 데이터는 〈일일 성장 기록표〉를 따로 만들어 정기적으로 기록하여 관리하면 장기적으로 계정을 관리하는 데 많은 도움이 됩니다.

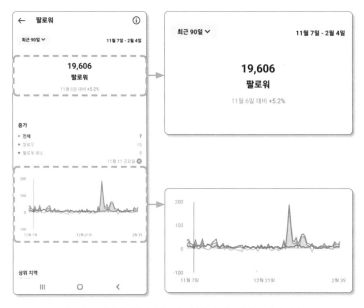

[그림 5-5] [팔로워]에 있는 팔로워 수와 팔로워의 증감 데이터

_ '지역', '나이', '성별' 데이터 _

'지역', '나이', '성별' 데이터는 [팔로워] 데이터와 [도달] 데이터를 서로 비교해서 볼 필요가 있습니다. 내 콘텐츠가 '도달'한 사람이 어떤 사람인지를 말해주는 것이 [도달] 데이터이고, '도달'한 콘텐츠를 확인하고 나를 '팔로워' 한 사람이 어떤 사람인지를 말해주는 것이 [팔로워] 데이터입니다. 따라서 [도달] 데이터의 '지역', '나이', '성별' 데이터와 [팔로워] 데이터의 '지역', '나이', '성별' 데이터가 서로 일치하는 것이 가장 이상적입니다. 만일 두 데이터에 차이가 있다면, 이유가 무엇인지 생각해 봐야 합니다. 그동안 공유한 콘텐츠를 전반적으로 평가해 보면서 어떤 콘

텐츠가 이런 차이를 만들었는지 곰곰이 따져본 다음에 콘텐츠 기획 방향을 수정할지 아니면 내가 처음 예상한 타깃이 실제와는 다른지를 잘 판단하여 향후 콘텐츠 기획에 반영해야 합니다.

다음은 '앤디파파'의 [도달]과 [팔로워]의 '성별', '나이' 데이터입니다. 두 데이터를 비교해 보면 '앤디파파' 콘텐츠가 도달한 사람과 팔로우하는 사람의 '성별'과 '나이'가 '25세~44세 여성'으로 서로 일치하는 것을 확인할 수 있습니다.

[그림 5-6] '앤디파파'의 [도달] '성별', '나이' 데이터

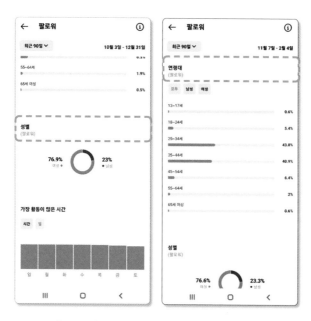

[그림 5-7] '앤디파파'의 [팔로워] '성별', '나이' 데이터

_ 가장 활동이 많은 시간 _

'가장 활동이 많은 시간'은 내 팔로워들이 인스타그램에서 활동하는 요일과 시간 정보를 알려주는 데이터입니다. 이 데이터를 참고하여 팔로워들이 많이 활동하는 시간이나 요일에 맞추어 콘텐츠를 게시하면 팔로워들에게 노출될 가능성이 커집니다.

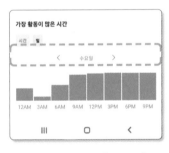

[그림 5-8] 가장 활동이 많은 시간

저는 [팔로워]의 '가장 활동이 많은 시간' 데이터를 통해서 '앤디파파'의 팔로워들이 월요일~금요일은 오후 3시에 '활동 데이터'가 가장 높고 토요일에는 '활동 데이터'가 많이 떨어지는 것을 확인했습니다. 저는 이 데이터를 토대로 평일에는 오후 3시에 콘텐츠를 업로드하지만 토요일에는 되도록 콘텐츠를 업로드하지 않습니다. 여러분도 [팔로워]의 '가장 활동이 많은 시간' 데이터를 정기적으로 확인해서 콘텐츠 업로드 시간을 점검해야 합니다. 만일 이 데이터를 확인하지 않고 그때그때 생각나는 대로 콘텐츠를 게시하면, 팔로워들 활동 리듬과 어긋나 그만큼 노력 대비 콘텐츠 게시 효과가 떨어진다는 사실을 알아야 합니다.

1.5 사랑받는 콘텐츠 확인하기 - [콘텐츠] 데이터

※ [콘텐츠] 데이터 찾아가기 : [프로필] 화면에서 '프로페셔널 대시보드' 선택 →
[프로페셔널 대시보드]에서 계정 인사이트 '모두 보기' 선택 → [인사이트]의
'회원님이 공유한 콘텐츠'에서 '게시물', '스토리', '릴스 각각 선택 → [콘텐츠]
데이터

[콘텐츠]에서는 '콘텐츠 형식'과 '기간'을 기준으로 그동안 공유한 콘텐츠의 '도달', '참여', '프로필 방문' 결과를 상세하게 보여줍니다. [콘텐츠] 데이터는 내가 게시한 콘텐츠의 질적인 성과를 데이터로 볼 수 있는 최종 성적표라고 생각하면 됩니다. 성적표 양식도 간단하고 명료하여 콘텐츠별로 점수를 한눈에 파악할 수 있습니다. 자신이 게시한 콘텐츠에서 많이 도달되고 많은 참여를 끌어내서 결과적으로 많은 프로필 방문을 유도한 기여도 높은 콘텐츠가 무엇이고, 그렇지 않은 콘텐츠가 무엇인지 일목요연하게 확인할 수 있습니다.

보통 우리는 우수한 성적표를 받으면 기뻐하고, 저조한 성적표를 받으면 우울해집니다. 하지만 [콘텐츠]에서 보여주는 성적표를 보고 일희일비할 이유는 없습니다. 이 성적표를 열심히 분석하고 평가하여 우수한 성적을 받은 콘텐츠는 더욱 우수하게 발전시키고, 저조한 성적표를 받은 콘텐츠는 개선점을 찾아서 우수한 콘텐츠로 발전시켜 나가면 됩니다. 퍼스널 브랜딩은 한순간의 대박 콘텐츠를 기획하는 게 아니라, 나만의 가치라는 원석을 끊임없이 갈고 닦아서 아름다운 보석으로 다듬어 가는 과정이기 때문입니다.

[콘텐츠] 데이터는 매월 정기적으로 확인하고 분석하고 평가하는 루틴을 만들어야 합니다. 그래야만 우수한 성적을 기록한 콘텐츠를 바라보는 관점과 감이 향상됩니다. 그러기 위해서는 매일 그날의 최우수 콘텐츠를 〈월 콘텐츠 관리표〉에 기록하면서 브랜드 성장에 기여도가 높은 콘텐츠를 파악해야 합니다. 이렇게 하려면 적어도 하루 1개 이상의 콘텐츠를 게시해야 합니다. 얼핏 쉽지 않아 보이지만, '루틴 콘텐츠'를

만들면 그리 어려운 일은 아닙니다. 앞에서도 강조했지만, 퍼스널 브랜드의 가장 토대가 되는 콘텐츠는 자신의 가치를 부단히 실천하는 일상의 모습에서 나옵니다. 따라서 자신의 가치에 부합하는 일상의 '루틴 콘텐츠'를 많이 만들어 게시해야 콘텐츠도 탄탄해지고 기획력도 발전한다는 점을 절대 잊어서는 안 됩니다.

저는 한 달 단위로 가장 많은 반응을 끌어낸 콘텐츠를 평가하여 이 결과를 〈콘텐츠 마이닝 노트〉의 월간 콘텐츠 제작 계획표에 적극 반영합니다. 지난달 많은 사랑을 받은 콘텐츠 주제와 형식(이미지, 카드 뉴스, 릴스)을 다음 달에 비중을 늘리면서 '앤디파파' 계정을 성장시키기 위해 노력하고 있습니다.

더 알아두기

팔로워를 돈으로 사면 벌어지는 일 – 데이터 왜곡

만일 팔로워를 빠르게 많이 모으고 싶은 유혹에 빠져, 팔로워를 돈으로 사면 어떤 일이 벌어질까요? 단기적으로는 효과가 있을지 모르지만, 장기적으로는 데이터 순수성이 훼손되어 데이터 신뢰성에 문제가 생겨 데이터를 근거로 콘텐츠를 만들 때 필요한 가설을 세우기 어려워집니다. 물론, 나만의 콘텐츠가 엄청나게 반응이 좋아 돈으로 산 가짜 데이터를 덮어버릴 정도로 팔로워가 증가한다면 문제가 없겠지만, 현실적으로 그렇게 되기는 거의 불가능합니다.

Chapter 2
효과적인 해시태그 사용 전략

2022년 인스타그램 CEO인 아담 모세리(Adam Mosseri)는 공식 인터뷰에서 해시태그에 대해 다음과 같이 말했습니다. "해시태그는 인스타그램 게시물이 더 많은 사람에게 도달하는 데 도움이 되지는 않지만, 게시물이 어떤 내용을 담고 있는지 이해하는 데 도움을 줍니다." 얼핏 보면 이 말의 의미가 무슨 뜻인지 이해하기 어렵지만, 지금부터 설명하는 해시태그의 종류와 사용 방법을 알게 되면 이 말을 정확하게 이해할 수 있습니다.

2.1 반드시 알아 둘 4가지 해시태그

[그림 5-9] 해시태그의 4가지 종류

_ 카테고리 해시태그 _

'카테고리 해시태그'는 인스타그램 알고리즘과 소통하는 독특한 해시태그입니다. 내가 게시물을 포스팅하면서 브랜드 주제와 관련된 해시태그를 반복해서 사용하면, 인스타그램 알고리즘은 내 계정의 주제가 무엇인지 알게 됩니다. 예를 들어 '앤디파파'는 '#육아', '#육아대디', '#육아스타그램'과 같이 육아와 관련된 해시태그를 꾸준히 사용합니다. 인스타그램은 이렇게 반복되는 해시태그를 통해 '앤디파파' 계정이 육아를 주제로 하는 계정이라고 이해합니다. 한마디로 '카테고리 해시태그'는 인스타그램 알고리즘에 내 계정의 주제를 알려주는 역할을 합니다.

'카테고리 해시태그'의 두 번째 역할은 팔로워들에게 나라는 브랜드가 어떤 주제에 관해 이야기하는 사람인지 알려주는 것입니다. 만일 어떤 사용자가 커피를 주제로 퍼스널 브랜딩을 한다면, '#카페', '#커피스타그램', '#커피', '#원두' 등 커피와 관련된 '카테고리 해시태그'를 사용하여 자신이 활동하는 주요 카테고리를 사람들에게 알릴 수 있습니다. 예를 들어 장난감과 관련된 브랜딩을 하는 '백곰삼촌'은 게시물을 올릴 때 '#장난감', '#장난감스타그램' 등과 같은 '카테고리 해시태그'로 자신의 주제를 사람들에게 열심히 알리고 있습니다.

카테고리 해시태그

#음식스타그램, #육아스타그램, #뷰스타그램, #뷰티, #패션,
#패션스타그램, #여행스타그램, #헬스타그램, #요가스타그램, #책스타그램

_ 커뮤니티 해시태그 _

'커뮤니티 해시태그'는 퍼스널 브랜딩에서 매우 중요한 소속감을 나타내는 해시태그로, 공통의 관심사를 가진 사람을 연결하여 공감을 불러일으키고, 서로 응원하고 격려하고 의지하기 위해 사용하는 해시태그입니다. 예를 들어 '#육아대디', '#직장인', '#대학생', '#육아맘', '#운동인' 등과 같은 해시태그는 서로 관심사가 같거나 공통점이 있는 사람을 연결하는 대표적인 '커뮤니티 해시태그'입니다. '#육아대디'는 육아를 하는 아빠들을 연결해주고, #취준생'은 취업을 준비하는 사람들을 이어줍니다.

'커뮤니티 해시태그'는 사람들끼리 소속감과 동질감을 느끼게도 하지만, 나와 관심사가 같은 사람들이 나를 찾아오게 하고 같은 커뮤니티에 있는 사람끼리 응원하고 격려하면서 서로 일체감을 느끼게 하는 역할을 합니다. 매일 아침 새벽 5시에 일어나 하루를 시작하는 챌린지가 있습니다. 이때 사용하는 해시태그가 '#굿쨕월드'라는 커뮤니티 해시태그입니다. 이른 아침 챌린지에 참여하는 사람들은 서로 응원하며 매월 1일부터 14일까지 새벽 5시에 일어나는 도전을 이어갑니다. 현재까지 무려 90만 개가 넘는 '#굿쨕월드' 게시물이 올라온 것을 보면, 챌린지를 이어가는 사람끼리 유대감과 결속이 얼마나 강한지 짐작할 수 있습니다.

내 퍼스널 브랜드와 맞는 '커뮤니티 해시태그'를 잘 사용하면 팔로워들과 끈끈한 유대감을 통해 적극적인 소통을 할 수 있고, 새로운 사람과 관계를 맺을 때도 빠르게 가까워질 수 있습니다.

'커뮤니티 해시태그'는 나와 공통점이 있지만 좀 더 친밀하게 소통할 수 있는 사람으로 범위를 좁혀서 사용할 수도 있습니다. 예를 들어 '#캠핑'은 일반적인 관심의 해시태그이지만, '#오지캠핑', '#오지캠퍼'는 범위를 한 단계 좁힌 해시태그입니다.

_ 브랜딩 해시태그 _

'브랜딩 해시태그'는 내 브랜드가 추구하는 가치를 효과적으로 전달하기 위해 사용하는 해시태그를 말합니다. '앤디파파'는 브랜드가 지향하는 가치인 '#아내를위한삶'이라는 해시태그를 콘텐츠에 따라 적절하게 사용합니다. 저는 [피드]로 이미지 게시물을 올릴 때, 텍스트를 작성한 다음 시각적인 효과를 나타내기 위해서 해시태그를 작성하는 곳 맨 위에 브랜딩 해시태그인 '#아내를위한삶'를 넣습니다.

브랜딩을 위한 해시태그

[그림 5-10] 앤디파파'의 브랜딩 해시태그 위치

이렇게 하면, 사람들이 게시물의 텍스트를 읽어 내려오다 해시태그가 시작되는 부분에서 '#아내를위한삶'에 시선이 가기 때문에 내가 전달하고 싶은 가치를 강조할 수 있습니다. 게다가 해시태그가 파란색으로 강조가 되어 시각적으로도 내 브랜드의 의미와 가치를 분명히 전달할 수 있습니다.

이때 한 가지 유의할 점이 있습니다. 브랜딩 해시태그는 '리뷰 해시태그' 역할도 하므로 자신만의 고유한 해시태그여야 합니다. 리뷰 해시태그는 내 인스타그램 프로필을 방문한 사람들이 내가 어떤 브랜드인지, 어떤 제품을 가졌는지 빠르게 알게 하는 역할을 합니다. 게시물의 텍스트에 넣는 브랜딩 해시태그와 다르게 리뷰 해시태그는 주로 [프로필]의 [소개]에서 넣습니다.

[그림 5-11] 리뷰 해시태그는 [프로필]의 [소개]에서 사용합니다.

장난감을 중심으로 활동하고 있는 '백곰삼촌'은 '#백곰삼촌'이라는 해시태그를 리뷰 해시태그로 사용하는 좋은 예입니다. [소개]에 있는 '#백곰삼촌' 해시태그를 누르면, 그동안의 모든 활동을 한눈에 볼 수 있어서, '백곰삼촌'과 같이 일하고 싶은 회사는 더 쉽고 빠르게 '백곰삼촌'이라는 퍼스널 브랜드를 파악할 수 있습니다.

리뷰 해시태그는 퍼스널 브랜드뿐 아니라 기업 브랜드에서도 많이 사용합니다. 제가 좋아하는 동물 피규어 브랜드인 컬렉타를 예로 들어보겠습니다. 국내에서 컬렉타를 수입하는 '더토이즈'는 인스타그램 계정 [프로필]의 [소개]에 해시태그로 '#컬렉타'라는 브랜드 이름을 넣어두었습니다. 그래서 사람들이 '#컬렉타'를 누르면, 인스타그램에 올라와 있는 다양한 컬렉타 피규어 사용 리뷰를 확인할 수 있습니다. 컬렉타를 잘 모르는 사람이나, 구매를 망설이던 사람들을 리뷰 해시태그를 이용하여 구매로 전환하는 아주 효과적인 방법입니다.

_ 검색 해시태그 _

'검색 해시태그'는 인스타그램에서 사람들이 내가 올린 콘텐츠를 발견할 가능성을 높여주는 역할을 하는 해시태그로 커뮤니티 해시태그나 브랜딩 해시태그와 달리 정보성 콘텐츠를 만들 때 매우 중요합니다. 검색 해시태그로 정보성 콘텐츠를 만들 때는 사람들이 검색을 많이 하지만 인스타그램에는 상대적으로 콘텐츠가 많지 않은 해시태그를 찾아서 콘텐츠를 만드는 전략이 필요합니다. 이유는 사람들이 관심은 많은데 상대적으로 이것을 알려주는 정보성 콘텐츠가 적어서, 이 해시태그로 좋은 콘텐츠를 게시하면 우선순위로 노출될 가능성이 커지기 때문입니다. 따라서 자신이 만들 정보성 콘텐츠의 해시태그를 리스트업 한 다음 검색량과 콘텐츠 수를 비교하면서 인기 게시물에 올라갈 가능성이 큰 해시태그를 찾아야 합니다. (검색량과 인스타그램에 게시된 콘텐츠 수를 비교하는 방법은 Part 3의 〈데이터로 주제와 타깃 설정하기〉를 참고하세요) 실제로 저는 이런 방법으로 '#부모급여'라는 해시태그를 찾아서 연관된 정보성 콘텐츠를 만들어 게시한 결과 100만 명 이상에게 노출되었고 1,000명이 넘는 팔로워가 증가했습니다.

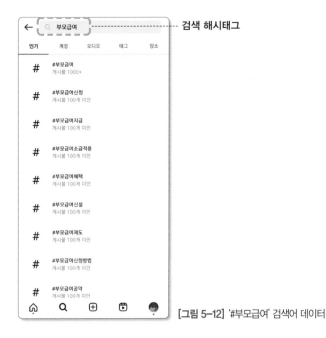

[그림 5-12] '#부모급여' 검색어 데이터

'검색 해시태그'에 연관 해시태그를 붙여서 검색 확률을 높이는 방법도 있습니다. 예를 들어, 인스타그램에서 '#여수숙소'를 검색하면, '#여수숙소'에 약 8만 개, '#여수숙소추천'에 3만 개정도의 게시물이 있습니다. 나머지 해시태그의 게시물은 채 100개도 안 됩니다. 만약 내가 여수라는 지역을 기반으로 활동하는 퍼스널 브랜드라면, '#여수숙소+@' 처럼 연관 검색어를 붙여서 새로운 해시태그를 만들수 있습니다. 그런다음 이 해시태그로 100개의 게시물을 올리면 '#여수숙소' 검색 순위에서 3번째 위치에 올라갈 수 있어서 '#여수숙소'를 검색한 사람들에게 우선 노출이 될 가능성이 커집니다. 우리가 흔히 아는 상위노출과 같은 결과를 만드는 방법입니다.

이렇게 '검색 해시태그'는 단순한 정보를 담고 있는 일차원 해시태그를 사용하는 것이 아니라, 검색 로직을 이용하여 조금이라도 내가 더 발견될 확률을 높이는 게 무척 중요합니다.

2.2 효과적인 해시태그 사용 전략

인스타그램 CEO인 아담 모세리(Adam Mosseri)가 말한 것처럼, 해시태그는 인스타그램 알고리즘이 게시물을 분류할 때 도움을 주는 도구입니다. 인스타그램 공식 크리에이터 계정에는 '너무 많은 해시태그를 사용하지 말라'라고 쓰여있습니다. 우리는 이 말의 의미를 '내 브랜드 콘셉트와 관련이 없는 해시태그나 일반적으로 많이 알려진 해시태그를 너무 많이 사용해서는 안 된다'라는 의미로 해석해야 합니다. 실제로 그렇게 하는 것은 내 게시물의 도달 범위를 늘리는 데 전혀 도움이 되지 않습니다.

해시태그의 주된 역할이 인스타그램 알고리즘이 게시물을 분류하는 것이지 게시물의 '도달'에 영향을 미치는 것이 아니라면, 우리는 해시태그를 어떤 목적으로 사용해야 할까요? 그리고 몇 개를 사용하는 게 적당할까요?

첫째, 내가 올린 콘텐츠를 인스타그램 알고리즘이 잘 이해하고 분류할 수 있도록 '카테고리 해시태그'와 '커뮤니티 해시태그'를 잘 사용해야 합니다. 내가 어떤 주제로 사진을 올리고 어떤 사람과 소통을 원하는지 명확한 신호를 인스타그램 알고리즘에 제공해야 합니다. 그렇게 되면 인스타그램 알고리즘은 내가 사용한 '카테고리 해시태그'를 통해 내 계정을 파악하고 '커뮤니티 해시태그'로 내 콘텐츠를 나와 관심사가 비슷한 사람들에게 노출합니다. 나와 공통된 관심사가 있는 사람들에게 내 포스팅이 노출되면, 그만큼 높은 '참여율'을 기대할 수 있습니다.

둘째, '검색 해시태그'의 비중을 높여 사람들이 검색할 때 내 콘텐츠가 상위에 노출되게 해야 합니다. 콘텐츠 자체의 도달률을 높이기 힘들다면, 사람들이 정보를 검색하는 길목에 내 콘텐츠가 노출되도록 해시태그를 사용해야 합니다.

상대적으로 경쟁률이 낮은 〈검색 해시태그〉를 사용하면, 인기 콘텐츠나 최신 콘텐츠가 없으므로 사람들이 내가 게시한 콘텐츠에 오래 머무르게 됩니다. 그렇게 되면 인스타그램 알고리즘에 의해 더 많은 사람에게 내 콘텐츠가 노출되는 선순환 효과가 생깁니다.

저도 이런 방법으로 해시태그를 사용합니다. 대형 검색어와 경쟁하는 것이 아니라, 내 브랜드 콘셉트와 관련이 있는 검색어를 사용하여 인기 게시물에 노출되도록 해시태그 사용 방법을 발전시켜 가고 있습니다. 그 결과 하나의 콘텐츠가 여러 해시태그의 인기 게시물에 올라가는 것도 확인하였습니다.

해시태그는 몇 개를 사용하는 게 적절할까요? 결론부터 얘기하면, 해시태그의 개수와 '도달'과는 아무 관계가 없습니다. 만약 지금까지 20개 이상의 해시태그를 사용해서 노출 결과가 좋았다면, 사용하는 해시태그를 그대로 유지하면 됩니다. 인스타그램에서는 여전히 최대 30개의 해시태그를 사용할 수 있는 기능을 제공하고 있는데, 이것은 아담 모세리(Adam Mosseri)의 발표와는 달리 사용 해시태그 수가 중요하지 않다는 말과 같은 의미입니다. 오히려 앞에서 설명한 4가지 종류의 해시태그 사용 비율을 어떻게 하느냐가 더 중요합니다. 참고로 제가 생각하는 효율적인 해시태그 사용 비율은 다음과 같습니다.

● 인스타그램 알고리즘에 내 콘텐츠의 주제를 알려주는 '카테고리 해시태그' 비중은 아주 높게 유지합니다.

● 공통의 관심사나 소속감으로 공감을 불러일으키는 '커뮤니티 해시태그' 비중은 어느 정도 높게 유지합니다.

● 사람들이 나를 발견할 가능성을 크게 하는 '검색 해시태그' 비중은 중간 정도로 유지합니다.

● 내 브랜드 콘셉트를 인지하는 '브랜딩 해시태그'의 비중은 작게 유지합니다.

사진
잘 찍는
꿀팁

사진 잘 찍는 3가지 포인트

인스타그램에 게시할 사진을 찍을 때 신경을 써야 하는 3가지가 포인트가 있습니다. 바로 '등장인물', '등장인물을 설명하는 배경', '설득력을 높이는 요소'입니다.

우선 등장인물을 찍을 때는 눈이 잘 나와야 합니다. 그렇게 하려면 되도록 항상 눈이 화면을 바라보게 사진을 찍어야 합니다. 인간은 진화하면서 자연에서 생존하기 위해 위협을 감지하는 기관으로 눈을 발전시켜 왔기 때문에 상대방의 눈을 보면서 상대가 나에게 위험한 존재인지 아닌지 판단한다고 합니다. 실제 한 실험에 참여한 사람들은 사진 속 사람뿐 아니라 동물의 눈으로 가장 먼저 시선이 향했다고 합니다.

[그림 5-13] 두 사람 모두 눈이 정면을 바라보고 있습니다.

두 번째, 최대한 밝고 긍정적인 모습이 나오도록 사진을 찍어야 합니다. 우울하거나 지친 모습의 사진은 매력이 떨어집니다. 웃는 모습의 사진으로 사람들에게 긍정적인 에너지를 전달하기를 바랍니다.

[그림 5-14] 웃는 모습의 사진은 긍정적인 에너지를 줍니다.

세 번째는 사진의 배경이 브랜드 콘셉트와 일치해야 합니다. '앤디파파'의 사진을 보면 대부분 가족과 함께 찍은 사진입니다. 항상 유모차를 밀고 있고, 항상 아이들을 안고 있고, 아내와 함께 찍은 사진이 많습니다. 이 모든 게 브랜드 콘셉트의 일관성을 느끼게 합니다.

[그림 5-15] 사진의 배경은 내 브랜드 콘셉트와 일치해야 합니다.

Part 6

퍼스널 브랜딩 수익화 전략 (1)
- 공동구매

Chapter 1

제품 브랜드가 나를 찾는 시간과 해시태그

인스타그램에서 공동구매를 진행하려면, 무엇보다도 자신이 활동하는 카테고리의 제품을 확보해야 합니다. 어떻게 해야 제품을 잘 확보할 수 있을까요? 물론 제품 브랜드나 에이전시 담당자에게 직접 연락하여 공동구매를 제안해도 되지만, 이것보다는 이들이 내 퍼스널 브랜딩 활동을 확인하고 공동구매를 제안하도록 하는 것이 좋습니다. 이미 어느 정도 나를 파악한 제품 담당자와 공동구매 협의를 하면 제품 공급이나 판매 조건에 관해 좀 더 쉽게 협의할 수 있기 때문입니다. 이렇게 되려면 먼저 제품 브랜드나 에이전시 담당자가 공동구매를 제안할 인플루언서를 찾는 시간에 맞춰 콘텐츠를 게시할 필요가 있습니다.

제품 브랜드나 에이전시 담당자는 출근하자마자 공동구매를 진행하는 인플루언서들의 주문과 게시물을 확인하고, 새롭게 공동구매를 제안할 인플루언서를 찾느라 오전 내내 분주합니다. 오후에는 오전에 연락한 사람 가운데 답장을 준 인플루언서와 소통하며 새로운 공동구매 진행 일정을 협의합니다. 월요일부터 목요일까지는 이렇게 새로운 인플루언서를 찾는 데 집중하고, 금요일에는 이번 주에 접촉한 인플루언서와 공동구매 일정을 확인하고 정리합니다. 따라서 제품 브랜드와 에이전시 담당자의 일정과 시간에 맞춰 월요일부터 목요일 오전 시간에 집중적으로 관련 콘텐츠를 게시하는 것이 좋습니다. 바로 이 시간이 제품 브랜드나 에이전시 담당자가 제품을 판매할 인플루언서를 열심히 찾는 시간이기 때문입니다.

여기에서 한 가지 더 궁금한 점이 생깁니다. 시간대에 맞춰 콘텐츠를 게시하더라도 수많은 콘텐츠 속에서 어떻게 내 콘텐츠가 이들의 눈에 띄도록 할 수 있을까? 답은 바로 해시태그에 있습니다. 저에게 공동구매를 제안한 제품 브랜드 담당자에게 어떤 해시태그로 인플루언서를 찾는지 물었을 때 다음과 같이 얘기했습니다.

> "먼저 경쟁사 브랜드의 해시태그를 검색하여 인기 있는 인플루언서를 찾습니다. 경쟁사 제품을 판매할 만큼 영향력이 있는 인플루언서라면 판매에 긍정적인 영향을 끼칠 가능성이 크기 때문입니다. 특히 금액대가 높은 고가의 프리미엄 제품일수록 신중하게 검색합니다. 그리고 제품 판매와 관련된 해시태그로 '#공동구매', '#공구', '#육아템' 등을 검색하여 적합한 계정을 찾습니다. 해당 계정의 이전 공동구매 기록을 확인한 다음에 공동구매를 제안할지 말지를 신중하게 판단합니다."

공동구매는 제품 브랜드나 에이전시가 나를 찾아야 공동구매 기회가 자주 생기기 때문에 콘텐츠를 게시할 때, 이들에게 잘 노출되는 해시태그를 사용할 필요가 있습니다. 실제 저에게 공동구매를 제안한 담당자들이 대부분 제가 카테고리에서 자주 사용하는 해시태그를 통해서 저를 알게 되었다고 합니다. 따라서 평상시 콘텐츠를 게시할 때, 자주 사용하는 해시태그를 잘 정리해 두었다가 카테고리 해시태그나 관심 제품 해시태그와 함께 사용하면 공동구매를 지속하는 데 도움이 됩니다.

제품 브랜드나 에이전시가 자신을 찾아오도록 하는 데 간과해서는 안 되는 게 한 가지 더 있습니다. 저에게 공동구매를 제안한 프리미엄 브랜드들은 판매량이 적더라도 '앤디파파'의 이미지가 자사의 브랜드 콘셉트에 잘 어울리기 때문에 공동구매를 함께 진행하고 싶다는 말을 자주 했습니다. '앤디파파'에게 어떤 인상을 받아서 프리미엄 브랜드 담당자들이 이런 말을 했을까요? 아마 지금까지 제가 쌓아온 브랜드 이미지 때문이라고 생각합니다. 바로 여기서 프리미엄 브랜드들은 인플루언서의 영향력뿐만 아니라 자신의 기업 이미지에 적합한 인플루언서를 찾고 있다는 사실을 확인할 수 있습니다. 자신만의 콘셉트와 스토리가 있는 단단한 퍼스널 브랜드로 성장하면, 프리미엄 브랜드 제품도 품을 수 있는 그릇이 될 수 있습니다.

Chapter 2
검색어로 제품 관련 데이터 확인하기

공동구매를 진행하려면 제품을 선정하고 공동구매 시기도 정해야 합니다. 그래서 이 장에서는 검색어 데이터를 이용하여 제품을 선택하고 공동구매 시기를 정하는 방법을 알아보겠습니다.

2.1 네이버와 인스타그램 데이터로 제품 선택하기

네이버 검색광고 데이터와 인스타그램 누적 게시물 데이터를 비교하면, 인스타그램에서 공동구매를 진행할 때 상대적으로 경쟁이 덜한 제품이 무엇인지 알 수 있습니다. 네이버 검색량보다 인스타그램 누적 게시물이 적으면, 인스타그램에서 공동구매로 시장을 선점할 가능성이 크기 때문에 이런 제품을 선택한다면 공동구매를 진행할 때 상대적으로 유리합니다.

2.2 구글 트렌드 데이터로 제품 알아보기

구글 트렌드에서 제공하는 데이터를 참고하여 사람들이 어떤 제품에 관심이 많은지 파악할 수 있습니다. 단, 구글 트렌드는 20~40대가 많이 이용하는 구글 정보를 기반으로 데이터를 제공한다는 점을 염두에 두고 다른 플랫폼의 검색 결과와 함께 비교하는 것이 좋습니다.

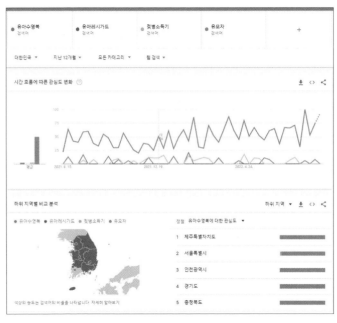

[그림 6-2] 구글 트렌드 검색어 데이터

2.3 네이버와 카카오톡 데이터로 공동구매 시점 알아보기

네이버 검색광고나 카카오톡 데이터 트렌드를 이용하여 공동구매를 언제 진행하는 것이 좋을지 알아볼 수 있습니다. 예를 들어 '#유아수영복'과 '#유모차'를 네이버 검색광고 데이터로 확인하면 다음과 같습니다.

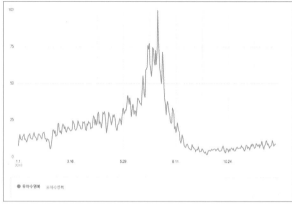

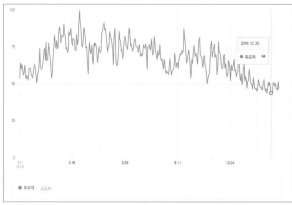

[**그림 6-2**] '#유아수영복'과 '#유모차' 네이버 검색광고 데이터

위 데이터를 보면, '#유아수영복'이 7월 중순을 기점으로 가파르게 높아지기 시작하여 8월 초에 정점에 도달합니다. 따라서 유아 수영복 공동구매는 7월 중순~8월 초에 진행해야 한다는 것을 알 수 있습니다. '#유모차'는 '#유아수영복'과 비교해 검색량이 일정하지만 그래도 검색량이 낮은 7월, 8월, 12월은 되도록 피하고 상대적으로 검색량이 많은 3월과 6월에 공동구매를 진행하는 것이 유리하다는 것을 알 수 있습니다.

2.4 판다랭크 데이터로 제품과 공동구매 시점 알아보기

네이버 검색광고와 마찬가지로 판다랭크(https://pandarank.net)에서 제공하는 검색어 데이터를 참고하여 공동구매를 진행할 제품과 공동구매 시점을 알아볼 수 있습니다.

판다랭크 '키워드 분석' 메뉴에서 공동구매를 생각하는 카테고리 키워드의 월 검색량을 확인한 다음에, 이것을 인스타그램 게시물 누적 데이터와 비교해 보면, 검색량은 많지만, 상대적으로 인스타그램에서는 게시물이 적은 제품이 어떤 것인지 알 수 있습니다.

판다랭크의 '언제팔리지'에서는 키워드의 3년 검색량의 변화를 그래프로 보여주기 때문에 제품의 시즌별 검색량 변화를 이 그래프로 확인해서 공동구매를 진행할 적정 시점을 정하는 데 참고할 수 있습니다. 예를 들어 '#유모차'에 대한 '언제팔리지' 3년 검색량 그래프를 보면, 네이버 검색광고 데이터와 마찬가지로 7월, 8월, 12월에 검색량이 적고 상대적으로 3월과 6월에 검색량이 많다는 것을 알 수 있습니다. 따라서 검색량이 낮은 7월, 8월, 12월은 되도록 피하고 상대적으로 검색량이 많은 3월, 6월에 공동구매를 진행하는 것이 좋다는 것을 알 수 있습니다.

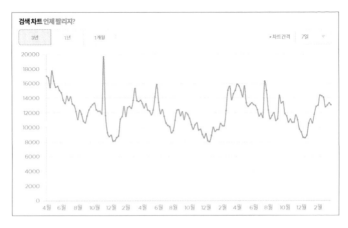

[그림 6-3] 판다랭크 '#유모차' 3년 검색량 그래프

Chapter 3
성공하는 공동구매 기획하기

인스타그램에서 공동구매를 진행할 때는 '1주일 공동구매 프로세스'가 매우 중요합니다. 이 프로세스가 잘 정착되어야 매월 정기적으로 공동구매를 진행할 수 있습니다. 실제로도 공동구매를 지속하면서 좋은 판매 성과를 만드는 계정들을 보면, '1주일 공동구매 프로세스'가 잘 정착되어 있습니다.

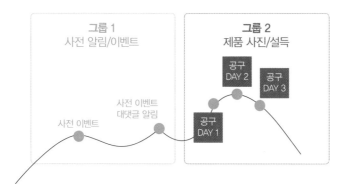

[그림 6-4] 공동구매 1주일 프로세스

3.1 사전 알림 이벤트 기획하기

1주일 공동구매 기간 중 실제 판매는 대부분 3~4일에 집중해서 일어납니다. 공동구매를 시작한다고 사람들이 바로 구매를 시작하지 않습니다. 그래서 반드시 사전 홍보가 필요합니다. 저는 공동구매를 시작하기 3일 전에 '나눔 이벤트'처럼 참여율을 높일 수 있는 콘텐츠를 게시해서 사람들의 관심을 끕니다.

[그림 6-5] 사전 알림 이벤트

사전 알림 이벤트의 가장 큰 목적은 공동구매 오픈 전에 최대한 많은 사람이 공동구매를 인지하도록 하는 것입니다. 이를 위해서는 사람들이 적극적으로 참여할 수 있는 장치가 필요합니다. 사전 알림 이벤트에 '저장', '공유', '댓글'이 많아지면, 광고비를 들이지 않고도 높은 '도달'과 '노출'을 만들 수 있습니다. (그 이유는 Part 4 〈참여형 콘텐츠 기획하기〉를 참고하세요.)

사전 알림 이벤트는 사람들의 참여와 관심을 높일 수 있는 '댓글 이벤트'나 '사은품 이벤트'를 진행하면 좋습니다. 예를 들어, 구매왕을 선발해 스타벅스 커피 쿠폰을 전달하거나, 추가 상품을 더 증정하는 내용을 사전 알림 이벤트에 넣으면 높은 참여를 끌어낼 수 있습니다.

사전 알림 이벤트는 '저장'과 '공유'도 좋지만, '댓글'이 많이 달려야 합니다. '댓글'이 많이 달리면, 공동구매를 시작하기 전날 '댓글'을 단 모든 사람에게 '대댓글'을 달아서 한 번 더 공동구매가 시작된다는 것을 알릴 수 있고, 사람들은 '대댓글'을 통해서 다음 날 공동구매가 오픈된다는 사실을 알고 제품을 구매하러 공동구매 페이지를 방문하게 됩니다.

사전 알림 이벤트는 누구나 쉽고 간단하게 참여할 수 있도록 '손만 들어주세요'와 같이 단순하게 진행해야 합니다. 간편하게 진행해야 그냥 지나치려던 사람도 그냥 '손만 들어서' 참여하면 되니까 많은 '댓글'이 달립니다. 사전 알림 이벤트의 핵심은 참여하기 쉬운 이벤트로 가능한 많은 수의 '댓글'을 유도하는 것입니다.

만일 내 팔로워 수가 적다면 광고로 사전 알림 이벤트를 많은 사람에게 노출할 수도 있습니다. 이 방법은 팔로워가 1만이 넘는 계정들도 자주 사용합니다. 여러분도 여건이 된다면 사전 알림 이벤트를 잘 기획해서 광고로 더 많은 사람에게 노출되도록 시도해 보기 바랍니다.

3.2 구매 전환률이 높은 콘텐츠 기획하기

이번에는 공동구매를 진행할 때 판매에 직접적인 영향을 미치는 '구매 전환률이 높은 콘텐츠'를 만드는 방법을 알아보겠습니다. 저는 개인적으로 구매 전환율을 높이기 위해 많은 테스트를 했는데, 그중에서 가장 효과가 좋았던 방법 3가지를 소개하겠습니다.

_ 공동구매 첫 번째 사진에 '공구 오픈' 표기하기 _

공동구매 첫 번째 사진에 반드시 '공구 오픈'이라는 문구를 표기해야 합니다. 실제 공동구매를 진행해 보면 '공구 오픈'을 넣을 때와 그렇지 않을 때 구매 전환율의 차이가 큽니다. 공동구매를 잘하는 인플루언서들은 대부분 공동구매 첫 페이지에 반드시 '공구 오픈'을 표기합니다.

공동구매 첫 페이지에 '공구 오픈'을 표기하려면 제품 사진을 찍을 때, '공구 오픈' 문구를 넣을 수 있도록 미리 좌우에 약간의 여백을 고려해야 합니다. (참고로 '몰디브', '글씨팡팡', '글그램' 등을 이용하면 사진에 쉽게 글자를 추가할 수 있습니다.)

·········· **공동구매 오픈 표기**

[그림 6-6] 공동구매 첫 번째 사진에는
반드시 '공동구매 오픈'을 표기해야 합니다

_ 카드 뉴스로 추가 제품 정보 알려주기 _

상황에 따라 사진 한 장으로 제품의 모든 정보를 전달하기 어려울 때
가 많습니다. 이때에는 카드 뉴스처럼 사진을 편집하여 제품에 대한
추가 정보를 알려줍니다. 제가 공동구매를 진행하는 '까꿍 인형'은 종
류가 6가지나 됩니다. 다양한 종류의 인형을 한 장의 사진으로 표현하
기에는 무리가 있습니다. 그래서 첫 번째 사진에서는 6종류를 한 화면
에서 모두 보여주고, 두 번째 사진부터 제품을 하나하나 자세하게 볼
수 있도록 구성합니다.

[그림 6-7] 제품 종류가 많은 공동구매 카드 뉴스

_ 배송 날짜와 배송비 정보 알려주기 _

공동구매를 진행하면 의외로 배송 정보가 판매에 크게 영향을 끼칩니다. 배송 날짜와 관련해서도 제품을 주문하면 바로 발송된다는 것을 꼭 공지해야 합니다. 만약 그렇지 않다면 언제 배송되는지 날짜를 공지해야 합니다. 참고로 '*시까지 구매하신 분은 당일 배송'이라는 문구를 넣어서 조금이라도 빠르게 배송을 받을 수 있다는 인식을 심어주는 것도 구매 전환율을 높이는 방법입니다.

온라인에서 제품을 구매하는 사람은 예외 없이 제품을 되도록 빨리 받기를 원합니다. 공동구매라고 다르지 않습니다. 특히 주중에 구매한 제품이 주말까지 도착하지 않으면 화가 날 수 있으므로 늦어도 목요일에 배송이 시작될 수 있도록 공동구매 기간을 잡는 것이 좋습니다. 목요일에 배송이 시작되면 수도권은 금요일에, 비수도권은 토요일이면 제품이 도착하기 때문입니다.

그리고 배송비 무료라는 키워드를 넣어서 구매자들이 공동구매에서 온라인 최저가로 구매하면서도 배송비가 무료라서 매우 저렴하게 제품을 구매할 수 있다는 인식을 하도록 해야 합니다. 만약 배송비 무료가 어렵다면 3만 원이나 5만 원 이상 구매하면 배송비가 무료라는 조건을 꼭 알려주기를 바랍니다.

끝으로 공동구매 페이지에 팔로잉을 유도할 수 있는 문구를 넣어야 합니다. 예를 들어, '팔로잉해주시면 정말 필요한 제품을 저렴하게 구매하실 수 있도록 꾸준히 알림 드릴게요'와 같은 문구를 넣으면, 공동구매를 통한 수익뿐 아니라 팔로워 수도 증가시킬 수 있습니다.

3.3 공동구매 페이지를
[피드] 게시물 상단에 고정하기

공동구매 기간에 공동구매 콘텐츠를 [내 프로필에 고정] 기능을 사용하여 [피드] 게시물 상단에 고정합니다. 이렇게 하면 광고나 검색을 통해 들어온 사람들에게 공동구매 콘텐츠가 자연스럽게 노출되면서 매출로 연결될 가능성이 커집니다. (콘텐츠를 프로필 상단 고정에 고정하는 방법은 Part 2를 참고하세요.)

- - - - - - 공동구매 콘텐츠

[그림 6-8] 공동구매 콘텐츠를 [피드] 게시물 상단에 고정하면 매출로 연결될 가능성이 커집니다.

공동구매가 끝나면 다시 상단 고정을 해제하고 일상의 콘텐츠를 올립니다. 상단 고정은 사람들 눈에 가장 잘 띄는 곳에 내가 원하는 특정 게시글을 고정하여 더 효과적으로 정보를 전달하는 네이버 카페나 블로그의 '전체 공지'와 같습니다.

3.4 공동구매 게시 시간 알아보기

공동구매에서 사람들은 오전과 오후 중 언제 구매를 많이 할까요? 정답은 저녁 7시 이후입니다. 제 경험에 의하면 오전에 공동구매 오픈을 알리는 콘텐츠를 올리면, 구매하기보다는 '저장'을 많이 합니다. 즉, 오전에는 공동구매를 인지하고 다른 온라인 판매 가격과 비교한 다음 일과가 끝난 오후에 구매를 많이 하므로 공동구매 관련 콘텐츠는 오전에 올리는 게 효과적입니다.

3.5 월, 연 단위 공동구매 계획하기

1주일 공동구매 프로세스가 정착되면, 공동구매 사이클을 월 단위로 진행하는 것은 어렵지 않습니다. 다만 이때 서로 비슷한 제품이 겹치지 않도록 주의해야 합니다. 첫 번째 주는 육아용품, 두 번째 주는 유아용 식품, 세 번째 주는 유아용 가전제품, 네 번째 주는 장난감처럼 구매 대상은 같지만, 카테고리는 겹치지 않도록 계획을 짜야 합니다. 실제 제품 브랜드 담당자들도 자사의 제품과 비슷한 상품의 공동구매가 자사 브랜드의 공동구매 기간의 전후로 잡혀있는 것을 좋아하지 않습니다. 공동구매는 퍼스널 브랜드가 혼자 하는 게 아니라, 각 브랜드의 담당자들과 긴밀히 소통하고 협력해야 오래갈 수 있습니다.

월 공동구매 계획을 짜서 수개월간 공동구매를 지속할 수 있는 토대가 마련되면, 이어서 연 계획을 짤 수 있습니다. 공동구매 연 계획을 짤 때 중요한 것은 시즌성 제품의 공동구매를 진행할 적절한 달과 날짜를 우선 정하는 것입니다. 여름철이 시작할 때는 선풍기나 물놀이 관련 제품을 집중적으로 배치하고, 겨울이 오면 붕어빵과 군고구마와 같이 해당 계정에 인기가 많은 상품으로 공동구매를 기획하는 것이 성공적인 공동구매를 할 수 있는 좋은 방법입니다.

같은 제품을 반복해서 공동구매를 진행할 때는 두 달 간격으로 일정을 짜는 것이 좋습니다. 같은 제품으로 한정된 팔로워에게 연속해서 매출을 유지하는 것이 어렵기 때문입니다. 첫 번째 공동구매를 통해서 내 계정이 성장할 수 있는 시간을 확보한 다음 두 번째 공동구매를 진행하면, 새롭게 유입한 팔로워들이 제품을 구매하면서 판매를 유지할 수 있습니다.

연 공동구매 계획을 짤 때 시즌성 제품이 가장 많이 판매된다는 점을 고려해야 합니다. 연 공동구매의 절반 정도는 시즌성 제품으로 진행할 수 있도록 날짜를 정한 다음에 제품 브랜드 담당자와 한 달 전부터 미리 협의를 시작해야 합니다.

3.6 공동구매 결과 기록하고 평가하기

공동구매를 마친 다음에는 결과를 반드시 판매 마진, 판매 수량, 광고비, 판매 이익으로 항목을 구분하여 매번 빠뜨리지 않고 기록해야 합니다. 일정 기간 판매 결과 데이터가 쌓이면, 다음 공동구매의 수익을 예측하는 능력이 길러집니다. 그리고 이 과정에서 각 제품의 공동구매 결과를 비교하면서 더 나은 제품을 선택하는 나만의 기준도 생겨, 제품을 선택하는 안목도 높아집니다. 이렇게 되면 좋은 제품을 선택하여 높은 판매율을 기록할 수 있는 자신만의 노하우를 키울 수 있습니다.

3.7 공동구매 광고 기획하기

공동구매를 진행할 때, 광고비 사용 기준을 어떻게 잡아야 할까요? 개인적인 의견으로는 마진율을 기준으로 광고비를 결정하는 것이 좋습니다. 개당 판매 마진이 5,000원이 넘어가면 광고비를 어느 정도 사용해도 괜찮다고 생각합니다. 판매 마진이 개당 5,000원 미만이면 광고해도 손익 구간을 넘기기가 쉽지 않으므로 광고비를 보수적으로 집행해야 합니다. 처음에 광고할 때는 공동구매 1회당 최대 광고비는 10만 원 정도가 적절하지만 저는 선풍기와 같은 시즌용 상품은 판매 마진율이 높고 1년에 한 번 밖에 공동구매를 진행하지 못하기 때문에 상대적으로 많은 광고비를 사용하기도 합니다.

주간, 월간, 연간 공동구매를 진행하다 보면, 광고 콘텐츠를 기획하는 능력과 광고로 판매수익을 끌어올리는 자기만의 광고 집행 기준이 생깁니다. 광고할지 말지의 기준으로 제가 제시한 판매 마진 5,000원은 개인적인 경험에 의한 기준이므로, 공동구매를 꾸준히 진행하면서 자신만의 기준을 세우기를 바랍니다.

광고에 대한 노하우가 생기면, 이 노하우를 활용하여 인기 게시물 중에서 팔로워 증가 기여도가 높은 콘텐츠를 광고함으로써 빠르게 팔로워를 늘릴 수도 있습니다.

3.8 새로운 '브랜드' 이름으로 공동구매 기획하기

"제가 공동구매를 해도 될까요? 그동안 콘텐츠 게시만 하다가 갑자기 제품을 판매하면 팔로워가 좋아하지 않을 것 같은데…." 혹시 이런 고민을 한 적이 있지 않나요? 공동 구매를 한 경험이 없다면 당연히 이런 생각이 들 수도 있습니다.

저는 팔로워가 4,000명 정도일 때 공동구매를 시작했습니다. 처음 시도하는 공동구매라 과연 제품 판매를 하면 팔로워들이 어떻게 생각할지, 공동구매를 하고 나서도 지금처럼 계속 내 콘텐츠에 반응해 줄지 고민이 되었습니다.

이런 고민을 해결하는 좋은 방법은 공동구매를 새로운 '브랜드'로 만드는 것입니다. 저와 함께 퍼스널 브랜드를 만들어 가는 '백곰삼촌'의 예를 통해서 공동구매를 새로운 '브랜드'로 기획하는 방법을 소개하겠습니다.

'백곰삼촌'이 공동구매를 처음 시작할 때, 공동구매를 진행하되 '백곰삼촌'의 브랜드 콘셉트를 유지하여 팔로워와의 관계를 해치지 않아야 한다는 점을 가장 중요하게 생각했습니다. 이것을 고민하다가 생각해 낸 방법이 공동구매를 제품 이름으로 진행하지 않고, '백곰삼촌' 브랜드 콘셉트를 유지하면서 팔로워에게는 친숙한, 팔로워들이 쉽게 인식할 수 있는 '백곰구'라는 이름으로 공동구매를 진행하는 것이었습니다. 공동구매 이름을 '백곰구'로 정하면서, 한 가지 제품에 얽매이지 않고 여러 제품을 함께 묶어서 공동구매를 진행할 수 있게 되어 한 명의

구매자가 구매하는 금액이 높아지는 효과도 생겼습니다. 결과적으로 공동구매를 브랜드 콘셉트에 어울리는 브랜드 이름으로 진행함으로써 브랜드 콘셉트도 유지하고 판매수익도 높이는 일거양득의 효과를 본 셈입니다.

'백곰삼촌'의 '백곰구'는 공동구매가 단순히 판매만 하는 것이 아니라 퍼스널 브랜드의 콘셉트를 강화하는 효과적인 콘텐츠가 될 수 있다는 점을 시사하는 좋은 예라고 생각합니다.

Chapter 4
공동구매와 라이브 커머스의 콜라보

공동구매와 라이브 커머스를 하나의 기획으로 묶으면, 수익을 극대화할 수 있습니다. 제품 브랜드사도 인플루언서와 협력하여 공동구매와 라이브 방송을 함께 진행하려고 노력합니다. 이유는 인플루언서의 영향력을 자사의 라이브 커머스 플랫폼으로 옮길 수 있고, 시청자에게 얼굴이 익숙한 인플루언서가 방송에 출연하면서 추가로 많은 매출을 만들 수 있기 때문입니다. 특히 제품 브랜드사는 공동구매 마지막 날에 반드시 라이브 방송을 함께 진행하기를 원하며, 실제로 그렇게 하는 회사가 많습니다. 그렇게 하면 라이브 방송 주문과 공동구매 주문을 모아서 한 번에 배송을 끝낼 수 있는 이점이 있기 때문입니다.

[그림 6-9] 공동구매와 라이브 커머스를 함께 진행하면 판매 효과가 극대화됩니다.

저도 어느 날 공동구매를 진행하는 제품 브랜드사 대표님한테서 "우리 제품으로 라이브 커머스를 진행하려고 하는데 '앤디파파' 님이 저희 브랜드의 첫 라이브 커머스 진행자로 출연하여 우리 제품을 소개해 주면 좋겠습니다. 인스타그램에서 팔로워들과 소통하는 모습과 '앤디파파'라는 브랜드 콘셉트가 저희 브랜드와 잘 맞아서 시청자들의 좋은 반응이 있을 것으로 기대하기에 특별히 부탁드립니다."라는 미처 생각하지 못한 제안을 받은 적이 있습니다.

그날 이후 저는 라이브 커머스 쇼호스트로도 활동하게 되었습니다. 라이브 커머스 붐이 일면서 제 인스타그램 계정으로 씨제이 라이브에서 섭외 연락이 와서 '오쇼핑'에서 라이브 방송을 진행하기도 했습니다. 이 과정에서 제 퍼스널 브랜딩 활동 영역도 자연스럽게 넓혀지게 되었습니다.

최근에는 라이브 커머스 기획자로서 네이버, 11번가, Grip, 쿠팡, AK백화점, 신세계 백화점 본점 등에서 '백곰삼촌'과 다양한 장난감 브랜드를 소개하는 라이브 방송을 함께 기획하고 진행하여 1시간 방송에 최대 7,000만 원, 5,000만 원, 4,000만 원의 매출을 기록하기도 했습니다.

라이브 방송을 준비하면서 라이브 커머스 관련 플랫폼 담당자분들과 이야기를 나눌 기회가 많았습니다. 그때 이들은 한결같이 앞으로 라이브 커머스 시장은 점점 더 커질 것이며 새로운 라이브 커머스 서비스도 계속 선보일 예정이라고 말하곤 했습니다. 라이브 방송을 진행하려고 하는 회사들은 급속히 늘어나고 있지만, 정작 라이브를 진행할 쇼호스트가 매우 부족한 상황이라는 말도 꼭 덧붙였습니다. 라이브 방송 플랫폼에서는 주로 어떤 쇼호스트를 원하는지 묻자, 대답은 모두 한결같았습니다. 단순한 라이브 방송 진행자보다는 영향력이 있는 인플루언서와 협업으로 라이브 방송을 진행하는 것을 더 선호한다고 말했습니다.

이제는 유튜브에서도 라이브 커머스 방송을 할 수 있을 정도로 라이브 커머스 시장이 점점 커지고 있습니다. 여러분이 인스타그램을 통해 나만의 브랜드로 성장한다면, 여러분한테도 이런 라이브 방송을 진행할 기회가 점점 더 자주 찾아 올 것으로 생각합니다. 여러분도 퍼스널 브랜딩을 하면서 공동구매뿐 아니라 라이브 커머스라는 새로운 기회를 직접 경험해 보기 바랍니다. 저는 퍼스널 브랜딩에서 라이브 커머스는 SNS 활동의 연장이라고 생각하기 때문에 많은 분께 인스타그램과 라이브 커머스를 콜라보하여 활동할 것을 권합니다. 이제는 공동구매뿐 아니라 라이브 커머스도 나를 팔로워 하는 분들과 공유할 수 있는 좋은 콘텐츠라고 생각해야 합니다.

이런 의미에서 그동안 '백곰삼촌'과 함께 라이브 방송을 진행하면서 제가 알게 된 사랑 받는 라이브 방송이 되기 위한 두 가지 점을 간단히 공유하겠습니다.

첫째는 시청자가 다음 방송을 기대하도록 해야 합니다. 즉, 내가 좋아하는 퍼스널 브랜드나 인플루언서가 다음에는 어떤 브랜드와 콜라보 방송을 할지 기대하도록 새로운 정보를 공유해야 합니다.

"오늘 담당자분과 이야기를 나누었는데, 다음 라이브 방송에서는 정말 큰 선물을 준비했습니다. 공식적으로 국내에서는 맨 처음 여러분에게 공개할 것 같아요. 오직 '백곰삼촌' 라이브에서만 공개하는 내용이라, 구체적으로 정해지면 바로 여러분과 공유할게요. 조금만 기다려주세요!"

이처럼 기대감을 공유할 때는 시중에서 쉽게 접할 수 없는 프리미엄 제품의 할인 소식과 함께 시청자가 베니핏(benefit)을 구체적으로 연상할 수 있어야 합니다. 그래서 저는 라이브 방송에서 가장 먼저 새로운 브랜드 제품을 런칭하고 소개할 수 있도록 제품 파트너사에게 요청합니다.

둘째는 정해진 방송 일정을 정확히 지켜야 합니다. 저는 '백곰삼촌'의 라이브 방송이 지난 2년간 목요일 격주 방송을 한 번도 빠뜨리지 않았기 때문에 '특별한 방송'이 되었다고 생각합니다. 고객이 격주 목요일은 '라이브 방송을 하는 날'이라고 인식하도록 어떤 일이 있더라도 제날짜에 방송했습니다. 이러한 노력 덕분에 방송을 시작한 지 2년이 지났지만 지금도 만 명이 넘는 분이 시청하는 라이브 방송으로 성장할 수 있었습니다.

더 알아두기

퍼스널 브랜딩의 새로운 기회 – 라이브 커머스 시장 확대

최근 들어 라이브 커머스 시장이 가파르게 성장하면서 많은 SNS 플랫폼과 오픈마켓, 온라인 백화점 쇼핑몰 등이 모두 라이브 방송을 확대하고 있습니다.

현재 국내에서 라이브 커머스가 가장 활성화된 플랫폼은 네이버 스마트스토어에서 운영하는 쇼핑라이브입니다. 카카오, 그립, 11번가, 쿠팡, 온라인 백화점 쇼핑몰 MD들은 라이브 커머스 매출을 확대하기 위해 네이버 쇼핑라이브를 매일매일 모니터링하면서 자신들과 함께 라이브 커머스를 진행할 영향력 있는 인플루언서를 찾기 위해 동분서주하고 있습니다.

이렇게 변화하는 상황 덕분에 '백곰삼촌'과 '앤디파파'도 네이버 쇼핑라이브뿐 아니라 온라인 백화점 쇼핑몰에서 프리미엄 브랜드와 함께 라이브 커머스를 진행하는 새로운 기회를 얻게 되었습니다.

라이브 커머스 시장의 급속한 성장은 퍼스널 브랜드한테 새로운 성장 기회를 제공하고 있습니다. 여러분도 이런 변화를 기회로 삼아 그동안 쌓아온 탄탄한 브랜드 파워를 토대로 개인 팔로워를 지속해서 확대할 뿐 아니라, 라이브 커머스 시장에서도 제품 브랜드사나 라이브 방송사와의 긴밀히 협력하여 자신의 퍼스널 브랜드를 더 빠르게 성장시켜 나가기를 바랍니다.

Chapter 5

협찬 수익

제품을 판매하지 않아도 협찬 파트너십으로 수익을 만들 수 있는 두 가지 방법이 있습니다. 먼저 홍보비 없이 제품만 협찬받아서 진행하는 협찬 광고가 있습니다. 많은 사람이 통장에 돈이 들어와야만 수익이 생겼다고 생각하는데, 통장에서 돈이 나가지 않고 생활에 필요한 제품이 협찬으로 들어오면 그것 또한 수익이 생긴 것과 마찬가지입니다.

[표 6-1]은 협찬 제품을 정리한 리스트 예입니다.

이렇게 표로 정리해보면, 제품 협찬일지라도 금액을 월별로 합산했을 때 절대 적은 금액이 아닙니다. 연간 금액으로 계산하면 수백만 원의 생활비와 맞먹습니다.

제품 협찬을 받기 위해서는 내 브랜드의 콘셉트가 분명해야 합니다. '앤디파파'는 팔로워 수가 적었을 때 아이 용품 협찬을 많이 받았습니다. 새롭게 런칭된 제품을 협찬받아 다른 사람보다 먼저 사용해 보고

1월

Num	날짜	협찬 채널	제품 종류	제품 이름	가격	협찬 갯수	SUM	월 총액
1	01월 05일	Instagram	음식	****** *****	23,000	2	₩46,000	
2	01월 08일	Instagram	육아용품	****** *****	56,000	1	₩56,000	
3	01월 12일	Instagram	생활용품	****** *****	28,000	1	₩28,000	₩282,000
4	01월 15일	Instagram	음식	****** *****	17,000	3	₩51,000	
5	01월 18일	instagram	육아용품	****** *****	43,000	1	₩43,000	
6	01월 24일	Instagram	장난감	****** *****	29,000	2	₩58,000	

2월

Num	날짜	협찬 채널	제품 종류	제품 이름	가격	협찬 갯수	SUM	월 총액
7	02월 03일	Instagram	영양제	****** *****	79,000	1	₩79,000	
8	02월 06일	Instagram	생활용품	****** *****	46,000	1	₩46,000	₩248,000
9	02월 14일	Instagram	육아용품	****** *****	42,000	2	₩84,000	
10	02월 18일	Instagram	육아용품	****** *****	39,000	1	₩39,000	

[표 6-1] 협찬 제품 목록

제품 브랜드사에 제품에 대해 피드백하면서 제품이 만들어지는 과정
도 간접적으로 경험할 수 있었습니다. 물론 제품 협찬을 받을 때는 내
브랜드의 콘셉트에 맞는 제품과 서비스를 선택하는 것도 중요합니다.

단순 제품 협찬 말고 홍보비를 받고 제품에 대한 리뷰를 포스팅하는
방법도 있습니다. 저도 비용을 받고 제품 리뷰를 포스팅합니다. 저는
팔로워가 5,000명~8,000명일 때 제품 협찬과 제품 리뷰 제안을 가장

많이 받았습니다. 아무래도 팔로워가 만 명이 넘는 퍼스널 브랜드한테는 많은 홍보비를 지급해야 하므로, 중소 퍼스널 브랜드에 제품 협찬과 제품 리뷰 기회가 더 많이 생기는 것 같습니다.

저는 홍보비가 제공되는 제품 협찬과 제품 리뷰는 일부 금액을 광고비로 사용하여 브랜드사가 제공한 제품을 조금이나마 홍보하는 데 보탬이 되도록 합니다. 홍보비로 제품 광고비를 사용한 명세를 캡처해서 브랜드나 에이전시 담당자와 공유합니다. 그러면 담당자는 감사하게 여기며 다음에 더 좋은 기회가 생기면 저에게 먼저 협찬 제안을 하곤 합니다.

퍼스널 브랜딩의 수익화를 도와주는 '리틀리' 서비스

'리틀리'에서는 소수의 팔로워만 있어도 경제적 독립을 할 수 있는 소프트웨어를 제공하고 있습니다. '리틀리'에서 제공하는 소프트웨어를 이용하면 누구나 손쉽게 모바일 & PC 홈페이지를 개설하여 이미지나 영상 등 다양한 형식으로 콘텐츠를 업로드할 수 있습니다. 그뿐 아니라 다양한 거래시스템 관리 기능도 있어서 퍼스널 브랜딩 수익화 활동에 매우 도움이 됩니다.

1_ 미니 홈페이지 제작 기능

- 리틀리에서 제공하는 모듈을 이용하여 홈페이지 디자인부터 도메인 등록까지 무료로 누구나 홈페이지를 쉽게 만들 수 있습니다.

- 홈페이지는 오픈 즉시 구글이나 네이버 검색 알고리즘에 도메인이 자동으로 등록되어 검색이 가능합니다.

[그림 6-10] '리틀리' 서비스로 제작한 '앤디파파'의 미니 홈페이지

2_ 멀티링크 기능

● 멀티링크 기능을 이용하여 원하는 웹페이지를 여러 개 링크할 수 있습니다.

● 웹페이지를 링크할 때 웹주소가 아니라 이미지로 디자인하여 링크한 곳을 보여주기 때문에 시각적인 효과가 두드러집니다.

[그림 6-11] '리틀리'의 멀티링크와 QR 코드

3_ 수익 사업에 편리한 기능들

● **판매와 정산 기능** : 리틀리는 만 19세 이상이면 누구나 '판매하기 블록'을 이용하여 상품을 등록하고 판매할 수 있습니다. 그리고 사업자 등록증이 없는 개인도 바로 판매를 시작할 수 있어서 처음 공동구매를 진행하거나 제품 또는 서비스를 판매하려고 준비 중인 퍼스널 브랜드의 비즈니스 준비 시간을 줄여줍니다.

● **전자책 판매 기능** : 전자책은 최대 1G까지 업로드가 가능하고, 10장의 캐러셀 기능을 제공하기 때문에 카드 뉴스 형태로 전자책의 내용 일부를 공개할 수 있습니다. 전자책이 판매되면 실시간 알림톡으로 주문 일자, 주문번호, 구매자 명, 구매상품명(판매 타이틀)과 총 결제 금액 정보를 알려줍니다. 이 기능을 이용하여 실제 많은 사람이 자신만의 전문성과 노하우가 담긴 전자책을 판매하고 있습니다.

● **재능 강의 판매 기능** : 퍼스널 브랜드의 재능이나 강의를 등록부터 홍보, 판매, 관리에 필요한 쉽고 편리한 기능을 제공합니다.

● **실물 제품 판매 기능** : 실물 제품을 등록하고 배송비를 추가할 수 있으며, 고객의 실제 주소를 받을 수 있어서 별도의 홈페이지를 오픈하지 않아도 '리틀리' 서비스를 통해 주문받을 수 있습니다. 주문할 때 발생한 모든 데이터는 관리자 페이지에서 엑셀 파일로 다운받을 수 있어서 주문부터 배송까지 매우 쉽게 판매를 관리할 수 있습니다.

● **후원하기 기능** : 판매하는 제품이 없어도 자신의 팬으로부터 후원금을 받을 수 있는 서비스로, 후원과 함께 팬들의 응원 메시지도 함께 받을 수 있는 기능을 제공합니다.

[그림 6-12] '리틀리'의 후원하기

● **커뮤니케이션 기능 :** 커뮤니케이션 기능으로 '고객정보'와 '문의받기' 두 가지 기능을 제공합니다. 이 기능을 이용해서 다양한 제휴 문의를 효과적으로 관리할 수 있을 뿐만 아니라, 고객들의 DB도 모을 수 있습니다. 예를 들어 정기적으로 뉴스레터를 발행하는 서비스를 기획하고 있다면 '뉴스레터 신청하기'와 같은 문구와 함께 고객들의 이메일 주소를 수집할 수 있습니다.

인스타그램
퍼스널
브랜딩

Part 7

퍼스널 브랜딩 수익화 전략 (2)
- 전문성 수익화와 외부 채널 확장

Chapter 1
전문성 수익화

1.1 리서치 협업

퍼스널 브랜드의 팔로워 수가 만 명이 넘어가면 이전과는 다른 협업 기회가 생기기 시작합니다. 그중 하나가 '기업과 함께하는 트렌드 리서치' 협업으로 자신이 활동하는 카테고리에서 현재 주목해야 할 이슈와 앞으로 대세로 생각되는 이슈를 기업과 함께 조사하여 보고서 형식으로 제출하는 것입니다.

저에게 리서치 협업 제안이 왔을 때, 공동구매 제안을 받았을 때와 마찬가지로 어떻게 '앤디파파'를 알았는지, 어떤 이유로 '앤디파파'를 선택했는지 물어보았더니 꾸준히 육아와 관련된 콘텐츠를 포스팅하는 모습을 예전부터 지켜보았다고 합니다. 단순히 공동구매만 하는 계정이 아니라는 생각이 들었고 언젠가는 함께 리서치 협업을 제안하려고 했는데, 마침 '앤디파파'에게 맞는 리서치 의뢰가 있어서 바로 연락하게 되었다고 말했습니다.

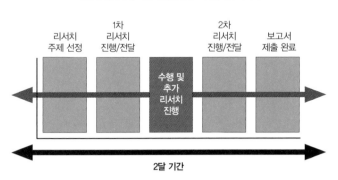

기업과 협업하여 트렌드를 찾아내고 발굴하는 리서치

| 리서치 주제 선정 | 1차 리서치 진행/전달 | 수행 및 추가 리서치 진행 | 2차 리서치 진행/전달 | 보고서 제출 완료 |

2달 기간

[그림 7-1] 퍼스널 브랜드와 기업의 리서치 협업 프로세스

기업과 리서치를 공동으로 진행하면, 최소 2달 정도 시간을 들여 리서치 주제에 맞게 깊이 있는 트렌드 보고서를 작성해야 합니다. 이 보고서에는 실제 일어나는 현상뿐 아니라 주관적인 의견도 함께 제시해야 합니다. 이유는 기업에서 특정 현상을 바라보는 여러 인플루언서의 서로 다른 관점을 종합적으로 검토하여 다가오는 변화를 준비하려고 하기 때문입니다.

저는 이 기간에 직접 리서치 기관의 담당자와 의견을 나누면서 그동안 제가 미처 알지 못했던 시장의 변화도 알게 되었을 뿐 아니라, 보고서를 작성하기 위해 자료를 찾으면서 트렌드에 대해 많은 공부도 하게 되었습니다.

장난감 라이브 커머스 진행자로 활동하는 '백곰삼촌'은 유튜브에 새로운 기능이 추가되기 전에 앞으로 나올 서비스의 방향과 다른 플랫폼에서 개선되었으면 하는 점이 무엇인지 설문과 인터뷰를 통해 피드백하면서 유튜브 플랫폼과 새로운 관계를 만들어 가고 있습니다.

리서치 협업의 성격상 자신의 가치에 맞는 주제를 중심으로 퍼스널 브랜딩을 진행해야 제안을 받을 수 있습니다. 그렇지 않고 단순 공동구매만 진행하는 판매 브랜드로 인식되면 제안받기 어려울 수 있습니다.

1.2 전자책 출판

과거에는 전문 작가나 전문가만이 책을 쓸 수 있다는 인식이 강했지만, 지난 몇 년간 지식 재능 플랫폼이 생겨나면서 일반인도 책을 출판해서 쉽게 수익을 만들 기회가 늘어났습니다. 이런 플랫폼이 생긴 후 비전문가로 여겨졌던 사람들이 전문가 못지않은 정보를 전자책으로 출간해서 수익을 만드는 방법이 유튜브로 공유되면서 한때 전자책 출간 붐이 일기도 했습니다.

전자책이 사람들에게 인기를 끈 이유가 무엇일까요? 제가 생각하기에 첫째 이유는 월급 이외의 추가 수익에 대한 기대감 때문이라고 생각합니다. 고용불안과 재택근무의 증가로 최근 몇 년간 새로운 수익을 찾으려는 욕구가 많이 증가하면서 전자책이 다양한 분야에서 일한 사람들의 경험과 노하우를 쉽게 전달할 수 있는 적절한 대안이라는 점이 시장의 요구와 잘 맞아떨어졌다고 생각합니다.

두 번째 이유는 전자책은 '아주 쉽게 읽을 수 있다'라는 점 때문이라고 생각합니다. 딱딱한 문체를 사용하는 오프라인 책과 다르게 저자가 평소 사용하는 어법으로 마치 유튜브를 눈으로 읽는 것과 같이 쉽게 설명할 수 있어서 전자책이 지식을 더 쉽게 접근하고 소비할 수 있게 만드는 대안이 되었다고 생각합니다.

저도 인쇄 책을 출판하기 전에 100페이지 분량의 전자책을 만들어서 공유했습니다. 전자책으로 추가 수익을 만들기 위한 목적도 있었지만, 저는 처음부터 오프라인 책을 출간하기 위해 전자책을 쓰기 시작했습니다. 약 6개월여 동안 목차와 초고를 작성하고 수많은 수정 과정을 거쳐 온라인 재능 공유 플랫폼을 통해 판매를 시작했습니다. 판매가 시작된 후 자연스럽게 구매자 리뷰가 쌓이기 시작했고, 저는 그 리뷰를 100쪽 분량의 초고와 함께 출판사에 투고했습니다.

이렇게 실제 독자들의 리뷰와 함께 출판사에 출간을 의뢰하면, 단순히 초고만 투고할 때보다 원고를 검토할 가능성이 커집니다. 출판사에서도 어느 정도 내용이 검증되었다고 생각하기 때문입니다. 독자 리뷰가 쌓이면, 역으로 출판사에서 먼저 출판 제안을 할 수도 있습니다.

이 밖에도 전자책은 15~20%의 판매 수수료를 제하고 나머지가 모두 순수익이라는 장점이 있습니다. 내가 잠을 자고 있을 때도 판매가 되면서 계속 수익이 만들어집니다. 만약 전자책 판매 플랫폼을 통하지 않고 직접 판매할 수만 있다면 수익은 더 올라갈 것입니다. 전자책은 책을 쓰는 시간이 오래 걸리지만, 지식에서 수익이 발생하기 때문에 수익률이 매우 높습니다. 여러분도 수익뿐 아니라 자신의 퍼스널 브랜드를

강화하기 위해서라도 전자책을 꼭 출간해 보기를 바랍니다. 전자책은
퍼스널 브랜드의 강력한 지식 콘텐츠입니다.

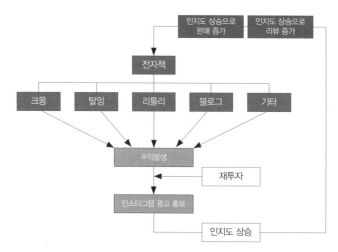

[그림 7-2] 전자책과 퍼스널 브랜딩의 시너지

1.3 브랜드 빌딩과 컨설팅

많은 분이 퍼스널 브랜딩을 할 때 전문성이 있어야만 컨설팅 수익을 만
들 수 있다고 생각하는 경향이 있습니다. 물론 처음부터 '보험 전문가'
나 '디자이너'와 같은 전문성으로 퍼스널 브랜딩을 시작한다면, 브랜
드가 성장하면서 '재테크 컨설팅'이나 '콘텐츠 제작' 분야에서 전문 컨
설팅을 통해 수익을 좀 더 빠르게 만들어 갈 수 있습니다. 하지만 전문

성이 아니라도 공감을 받을 수 있는 콘셉트로 성장한 퍼스널 브랜드라면, 자신의 경험과 노하우가 필요한 회사와 브랜딩에 관한 컨설팅을 진행할 수 있습니다. 성장한 퍼스널 브랜드는 브랜드를 성장시키는 데 필요한 경험과 노하우를 충분히 가지고 있기 때문입니다.

저는 인스타그램으로 퍼스널 브랜딩을 시작한 후, '아내를 위한 삶'이라는 콘셉트를 담은 계정이 제 명함 역할을 하면서, 브랜드 컨설팅을 의뢰하는 회사에 높은 신뢰감을 주어 브랜드 컨설팅 계약을 하게 되는 예가 많았습니다. '앤디파파' 계정을 포트폴리오로 소개하면, 브랜드 컨설팅을 의뢰한 기업에서는 적지 않은 팔로워 수에 놀랍니다. 우리나라에 처음 런칭하는 브랜드부터 새로운 사업 영역을 고민하는 회사까지 다양한 브랜드 컨설팅을 진행하면서 저 역시 브랜드 전문가로 성장하고 있습니다.

Chapter 2
외부 채널을 이용한 브랜드 확장

2.1 브랜드 콜라보

저와 함께 퍼스널 브랜드를 만들어 가는 '백곰삼촌'은 전문성을 바탕으로 기업과 온/오프라인 콜라보를 통해서 '브랜디드 영상 콘텐츠'와 '교육 콘텐츠' 제작 협업을 진행하고 있습니다. ([그림 7-3] 참조)

퍼스널 브랜드는 어떻게 제품이나 서비스 브랜드사와 콜라보하여 수익과 함께 새로운 가치를 창출할 기회를 만들 수 있을까요? 무엇보다도 '나'라는 퍼스널 브랜드와 '가치'를 공유하는 팔로워 팬층이 얼마나 되는지가 중요합니다. 만약 퍼스널 브랜드가 자신의 가치를 공유하지 않고 단순 셀링 파워만 있다면, 브랜드 콜라보가 아닌 제품이나 서비스 브랜드사의 공동구매 협업 파트너에 불과할 것입니다.

전통적인 브랜드 마케팅에서는 제품이나 서비스를 광고를 통해서 고

[그림 7-3] '백곰삼촌'과 브랜드사는 브랜드 콜라보 영상으로 13만 명이 시청하는 큰 시너지를 만들었습니다.

객의 반응을 끌어내는 방식을 사용했습니다. 하지만 이제는 고객들의 참여에서 가치의 공유까지 다양한 요소를 고려하여 브랜드 마케팅을 해야 하는 시대로 변했습니다. 참여와 가치의 공유야말로 퍼스널 브랜드의 가장 큰 강점으로 퍼스널 브랜딩 활동을 통해서 자신의 가치를 전달하고 공유하여 사람들에게 영향력을 끼칠 수 있다면, 브랜드 콜라보 기회는 누구에게나 찾아올 수 있습니다.

퍼스널 브랜드와 제품 브랜드의 콜라보는 일반적으로 제품 브랜드사의 소셜미디어를 통해서 진행하지만, 새로운 고객을 찾고 브랜드 경험을 확장하기 위한 일환으로 오프라인에서도 진행합니다. 예를 들면, '백곰삼촌'은 기존 판매를 통한 장난감 브랜드 경험을 오프라인에서 체험하는 새로운 교육 프로그램을 개발하여 포스코 등 다양한 기업에서 클래스를 진행하고 있습니다.

최근에 들어와 퍼스널 브랜드와 제품 브랜드사의 콜라보는 주변에서도 쉽게 찾아볼 수 있을 정도로 많이 이루어지고 있으며, 앞으로도 계속 소셜미디어를 활용한 브랜드 콜라보는 지금보다 더 활발해질 것으로 생각합니다.

2.2 도서 출판과 강의

퍼스널 브랜딩 과정에서 쌓은 전문 지식과 경험을 책으로 출판하는 것은 자신의 브랜드 전문성을 강화하고 확대하는 데 중요한 디딤돌이 됩니다. 책을 출판하고 나서 강의로 연결하여 새롭게 수익도 만들 수 있습니다. 20만 명의 팔로워를 보유한 '황캡틴'님도 '아무나 쉽게 따라 하는 인스타그램'이라는 책을 출간하고 나서 인스타그램 마케팅 강의로 자신의 수익 사업 영역을 확장할 수 있었습니다.

[그림 7-4] '앤디파파'의 전문성을 바탕으로 한 강연 & 강의 진행

앤디파파도 전문성을 바탕으로 브랜딩에 관한 강연과 강의를 진행하면서 오프라인에서 많은 분을 만나고 있습니다. 여러분도 퍼스널 브랜딩 과정에서 축적한 전문적인 경험과 지식을 강연과 강의를 통해서 공유함으로써 전문가로서의 가치를 향상하면서 동시에 활동 영역을 확장하여 이 과정에서 형성되는 인적 네트워크를 바탕으로 새로운 비즈니스의 협력 기반을 쌓을 수 있습니다. 한마디로 강의와 강연은 '수익화'를 넘어 퍼스널 브랜드의 지속적인 발전에도 큰 도움이 됩니다.

강력한 알림 기능 '카카오톡 채널' 이용하기

'카카오톡 채널'은 퍼스널 브랜딩에 유용한 기능이 많이 있습니다. 고객과의 커뮤니케이션과 고객 관리 기능뿐 아니라 메시지 알림 기능을 사용하여 공동구매와 같은 중요한 이벤트를 홍보할 수도 있습니다. 인스타그램에 올라오는 부정적인 댓글을 카카오톡 채널로 유도하여 비공개 1:1 대화로 문제를 해결할 수 있고 최대 10명까지 추가할 수 있는 카카오톡 채널 관리자 기능으로 빠르게 고객에게 응대할 수도 있습니다.

흔히 카카오톡 채널은 기업들만 사용한다고 생각하지만, 오프라인 숍을 운영하는 분들과 공동구매를 주된 콘텐츠로 운영하는 분들도 나만의 카카오톡 채널을 만들어 고객을 관리하면 여러모로 편리합니다.

1_ 친구추가 유도하기

카카오톡 채널을 효과적으로 사용하기 위해서는 채널의 친구 수를 늘리는 것이 가장 중요합니다. 친구추가를 유도하기 위한 방법으로는 이벤트가 효과적입니다. 저는 선물 이벤트와 지식 나눔 이벤트로 700명에 가까운 채널톡 친구를 모을 수 있었습니다.

2_ 알림 기능으로 수익 만들기

이렇게 모은 친구들에게 마케팅 메시지를 보낼 수 있습니다. 다만 메시지를 보내려면 먼저 '월렛'을 등록하고 일정 금액을 충전해야 합니다. 저는 공동구매와 라이브 커머스를 진행할 때 '월렛'의 사전 알림 메시지 기능을 사용합니다. 하지만 너무 자주 알림이 가면 스팸처럼 불편함을 초래하여 인스타그램으로 쌓아온 신뢰에 금이 갈 수 있으므로 주의해야 합니다. 자칫하면 팔로워들에게 자신을 판매 수단으로만 여긴다는 인식을 줄 수 있으므로, 메시지 사용 빈도를 잘 조절해야 합니다.

비즈니스 도구로 업무 효율성 높이기

비즈니스 도구는 '특정 기간 쿠폰'을 발행하거나 'C/S 고객 응대'와 같이 반복적 대응을 더 쉽게 관리할 수 있는 기능입니다. 나아가 커뮤니케이션이나 멀티링크 같은 기능으로도 사용할 수 있습니다.

글을 마치며

퍼스널 브랜딩은 이전에는 없던 새로운 기회를 만들어 가는 과정입니다. 여러분도 자신의 가치를 자신만의 브랜드 콘셉트로 다듬어서 열심히 퍼스널 브랜딩 활동을 한다면 새로운 기회를 충분히 만들 수 있습니다. '나에게는 준비된 것이 아무것도 없다'라고 생각하는 분들도 걱정하지 말기 바랍니다. 퍼스널 브랜딩에서는 학벌은 중요하지 않습니다. 꾸준함과 실행력이 가장 중요한 학점입니다.

퍼스널 브랜딩은 나에게 없는 모습을 만들어 사람들과 공유하는 것이 아닙니다. 나를 속여가며 만들어내는 콘텐츠는 절대로 진정성을 전달할 수 없고, 지속할 수도 없습니다.

지금까지 제가 이 책에서 얘기한 것에 동의한다면, 지금부터 '나를 더 나다운 모습으로 살아가게 하는 방법'인 퍼스널 브랜딩에 도전해 보기 바랍니다.